Judith Uyterlinde

Eisprung

Judith Uyterlinde

Eisprung

▼

Eine Geschichte über
die Liebe
und den Wunsch nach
einem Kind

Aus dem Niederländischen
von Eva Schweikart

GOLDMANN

Die niederländische Originalausgabe erschien unter dem Titel
»Eisprong« bei Mets en Schilt, Amsterdam.

Umwelthinweis:
Dieses Buch und der Schutzumschlag
wurden auf chlorfrei gebleichtem Papier gedruckt.
Die Einschrumpffolie (zum Schutz vor Verschmutzung)
ist aus umweltfreundlicher und recyclingfähiger PE-Folie.

1. Auflage

Satz: DTP-Satz im Verlag
Druck und Bindung: GGP Media, Pößneck
Printed in Germany
ISBN 3-442-30976-X
www.goldmann-verlag.de

INHALT

I DER ANFANG *oder wie ich Zwillinge und mein Vertrauen in Psychiater verliere*

Unsere Fahrradlenker waren bereits ineinander verhakt, da hatten wir uns noch nicht einmal geküsst. Als die Kneipe schloss, hatte man uns sanft hinausbefördern müssen. Nun zogen wir im Freien ein wenig unbeholfen unsere Räder auseinander. »Darf ich dir einen unsittlichen Vorschlag machen?«, fragte er. »Kommst du noch auf ein Bier mit zu mir?«

Ich hatte Paul eben erst kennen gelernt und fand ihn witzig, attraktiv, originell und eigenwillig. Jede Ideologie schien ihm fremd, seine Gedanken sprangen in alle Richtungen. Auf die gleiche unkontrollierte Art tanzte er auch, mit abrupten, ausladenden Bewegungen, die etwas Kindliches hatten. Ich sah ihn tanzen und verliebte mich in ihn.

Wie sich herausstellte, wohnte er in einem ehemaligen Lagerhaus, in einem riesigen Raum. Es war verdammt kalt. Am liebsten wäre ich sofort mit ihm in das große Bett geschlüpft, aber dann war es mit meiner Entschlossenheit auf einmal nicht mehr weit her. Ich zog lediglich die Schuhe aus, um zumindest ein Signal zu geben.

Paul zündete den Holzofen mitten im Zimmer an. Ich hatte so etwas noch nie gemacht und wusste nicht, wohin mit meinen Händen. Vielleicht hätte ich doch nicht mitgehen sollen. Die selbstverständliche Vertrautheit von vorhin hatten wir in der warmen Kneipe zurückgelassen. Paul unternahm nichts in Richtung der versprochenen Unsittlichkeit. Er gab mir aber ein Bier, das letzte, sagte er, das er im Haus habe. Seine Stimme klang irgendwie, als täte es ihm Leid, aber genauso gut konnte es ein Wink sein, dass ich besser gehen sollte. Als mein Glas leer war, zog ich brüsk die Schuhe wieder an. »Dann geh ich also wieder.«

Im nächsten Moment küssten wir uns. Das restliche Wochenende verbrachten wir in seinem großen Bett. Wir standen nur auf, um Essen und Trinken zu besorgen und um neue Holzscheite ins Feuer zu legen. Die Vorhänge blieben zu, und das Telefon wurde ausgesteckt. Der Geruch, nachdem wir uns geliebt hatten, sagte mir, dass wir zusammenpassten: Wir rochen wunderbar zusammen. Nicht dass ich an die wahre Liebe geglaubt hätte, aber ab da schien mir jede Nacht ohne ihn als eine verlorene Nacht.

Arm in Arm gehen wir durch New Orleans und bleiben bei jedem Straßenmusikanten stehen, um ein Weilchen zuzuhören. »Darf ich dir einen unsittlichen Vorschlag machen?«, frage ich. »Wollen wir ein Kind machen?« Ich will hören, wie diese Frage aus meinem Mund klingt. Nicht völlig daneben, finde ich. Vielleicht ist es sogar eine gute Idee. Kinderkriegen gehört meiner Ansicht nach zum Leben. Oft hört man jemanden sagen, er liebe Kinder oder auch Tiere. Mir ist solch generelle Liebeserklärung fremd. Ich habe den Hund meines Ex geliebt, der uns zum Spazierengehen in den Wald oder an den Strand mitgenommen hat, und ich liebe die Kinder meines Bruders, die uns gern auf ein paar Tage besuchen. Zweifellos werde ich auch unser Kind lieben. Wenn ich überhaupt von jemandem ein Kind möchte, dann von Paul. Vor meinem inneren Auge steigen idyllische Szenen auf, vermischt mit erotischen Fantasien: Ich gebe unserem Baby die Brust, während Paul zärtlich mit mir schläft.

Diese schwüle Stadt, die sich in den Hüften zu wiegen scheint, verursacht bei mir offenbar einen romantischen Rausch der geistigen Verwirrung. Denn was soll jemand wie ich mit Kindern? Ich will weite Reisen machen, Leute treffen, nächtelang feiern, tanzen und flirten, gut Geige spielen lernen und am liebsten auch Saxophon. Alle Bücher der Welt lesen, Verlegerin werden oder Schriftstellerin oder Journalistin oder Sängerin in einer fetzigen Band. Haustiere habe ich mir nie zugelegt, und Pflanzen überleben meine mangelnde Zuwendung nur selten. Die Rolle der Tante passt besser zu mir. Die der Lieblingstante, die aus fernen Ländern exotische Geschenke mitbringt, die einen in die Kneipe mitschleppt, obwohl man dafür eigentlich noch zu jung ist.

Ich hatte selbst so eine Lieblingstante, die viel rauchte und Wein trank und aus freien Stücken ledig und kinderlos war. Sie erzählte mir von ihren Beziehungen mit verheirateten Männern, die zwar oft problematisch waren, mir aber unendlich viel spannender und aufregender vorkamen als das Eheleben meiner Eltern. So wollte ich später auch werden.

Wenn man Kinder bekommt, wird man automatisch

Mutter und Ehefrau. Dieses Schreckbild hat mich bisher von dem abgehalten, was ich jetzt nachdrücklich probiere. Paul und ich sind mittlerweile seit Jahren ein Paar. Wir wohnen sogar zusammen, aber der Alltagstrott hat noch nicht zugeschlagen. Früher hatte ich einen Schulfreund, dessen Eltern sich nach zwanzig Jahren Ehe noch immer wie Frischverliebte benahmen. Sie machten einen Sport daraus, sich ständig neue Kosenamen füreinander auszudenken. Meine Eltern und die meisten Paare aus ihrem Freundeskreis lebten in Scheidung oder waren bereits geschieden. Dass man nach einiger Zeit genug voneinander hat, schien mir ganz normal, und es kam mir reichlich übertrieben vor, wie die Eltern meines Freundes aneinander hingen. Mir braucht man nichts vorzumachen, dachte ich, bis mir klar wurde, dass ihre Gefühle echt waren. Es geht also doch, ist aber sehr selten.

Manche Männer sind romantischer, mit anderen kann ich besser reden. Ich kann mir zwar alles Mögliche zwischen mir und anderen Männern vorstellen, jedoch nicht, dass ich mit einem anderen mein Leben lieber verbringen würde als mit Paul. Nach einem herrlichen langen Urlaub in Indonesien, wo Pauls Vater geboren ist, sind wir zusammengezogen. Wir haben dort eine wunderschöne Skulptur aus schwarzem Holz gekauft, ineinander verschlungene Figuren, die eine Familie darstellen. Bald darauf waren wir in unserem gemieteten Haus im Amsterdamer Viertel Pijp beim Streichen.

Mit Paul empfand ich das Zusammenleben nicht mehr als eine Form von Freiheitsberaubung. Er hat etwas an sich, das mich an ihn bindet. Er ist nicht berechenbar, immer wieder überrascht er mich mit originellen Einfällen und mit seinem Witz. Er nimmt mich nicht in Beschlag und zwingt mir keine bestimmte Rolle auf. Vielleicht schaffe ich es mit ihm tatsächlich: Ehefrau und Geliebte zugleich sein. Und Mutter - warum nicht.

Paul wird ein prima Vater, dessen bin ich mir sicher. Manche Leute haben Kinder, andere können mit Kindern gut umgehen. Zur letzteren Kategorie gehört Paul. Für ihn stand von jeher fest, dass er Kinder wollte. Für mich war das etwas für später. Jetzt ist später. Wir gehen in unser Zimmer und lieben uns, als wäre es unsere erste gemeinsame Nacht, zärtlich und leidenschaftlich. Ich bin abergläubisch: Ein Kind zeugt man mit Liebe. Ganz bestimmt hat es auf Anhieb geklappt.

Wir bekommen einen Anruf aus Frankreich: Pauls Vater hat während des Urlaubs eine Gehirnblutung erlitten. Jetzt liegt Dick halbseitig gelähmt in einem französischen Krankenhaus. Er kann nicht mehr sprechen und reagiert auf nichts. Zum ersten Mal, seit ich Paul kenne, hat er Tränen in den Augen. Sofort machen wir uns auf den Weg. Wir haben Angst, dass Dick stirbt oder, was noch schlimmer wäre, dass er nie mehr gesund wird. Die gesamte Familie trifft sich in dem kleinen Ferienhaus, wo Angst, Besorgnis und extreme Fröhlichkeit einander abwechseln. Etwas wie ein Kulturschock trifft diese Familie. Eine Familie, in der Vertrautheit keine ausgeprägte Tradition hat. Pauls Mutter starb früh, und Dick stand als gebrochener Mann mit drei kleinen Kindern da, mit deren Kummer er nicht umgehen konnte. Er kümmerte sich um sie, aber über die Mutter wurde nie mehr gesprochen. Als die Kinder schon aus dem Haus waren, lernte er seine zweite Frau kennen.

Geertje hatte im Leben auch so manches mitgemacht, aber sie redete darüber und scheute sich nicht, an alte Wunden zu rühren. Vor allem ihr ist es zu verdanken, dass wieder so etwas wie Familienbande entstanden, und nun organisiert Dick mit seiner Gehirnblutung das erste richtige Familientreffen. Zwischen den Besuchen im Krankenhaus reden, weinen und lachen wir, als hinge unser Leben davon ab. Für mich ist es das erste Mal, dass in der unmittelbaren Umgebung ein so großer Verlust droht. Paul und ich vergessen völlig, dass wir uns seit geraumer Zeit fortzupflanzen versuchen. Jetzt lieben wir uns, um den herumgeisternden Tod zu verscheuchen. Es hilft.

Dick beginnt wieder zu sprechen. In eigenartig gespreizten Sätzen: »Von welcher offiziellen Instanz dieses Instituts habe ich diese Information bekommen?« Und: »Die Luftzufuhr in diesem Raum ist höchst angenehm.« Auch viele malaiische Wörter tauchen in seinen Sätzen auf. Die ersten zwanzig Jahre seines Lebens hat er in Indonesien gewohnt; seine Mutter war Indonesierin, sein Vater Niederländer.

Paul ähnelt ihm. Er hat den gleichen schlanken Körperbau, den gleichen kreativen, unabhängigen Geist und die gleiche unbegrenzte Neugier. Obwohl Dick nach wie vor mit schiefem Popeye-Mund im Krankenhaus liegt, freut er sich mit dem Walkman auf dem Kopf an seiner neuesten Entdeckung, der Musik von Tom Waits, die Pauls Bruder ihm mitgebracht hat. Die Gehirnblutung war so schwer wiegend, dass Dick, wie sich allmählich herausstellt, vieles nie mehr können wird. Er hat viel Tennis gespielt und wollte bis zu seinem Tod berufstätig sein. Das kann er sich jetzt aus dem geplagten Kopf schlagen.

Es juckt mich in den Händen, als ich sehe, wie er sich beim Umlegen seiner Armbanduhr abmüht. Soll ich dir nicht rasch helfen? Aber nach endlosem Gefummel schafft er es selbst. Seine Geduld und seine Ausdauer hinterlassen tiefen Eindruck bei mir. Wo nimmt er die nur her? Langsam lernt er wieder sprechen, gehen und beide Hände gebrauchen, wenn auch mit den unvermeidlichen Einschränkungen. Er hat chronische Schmerzen im Fuß, wird schnell müde, und es macht ihm Mühe, sich längere Zeit zu konzentrieren. Dennoch bleibt er der Genießer, der er war. Ich hoffe, Paul wird auch auf diese Weise alt. Aber ohne Gehirnblutung.

Über ein Jahr hat es gedauert, aber jetzt ist es so weit. Ich fühle mich ausgesprochen sexy. Wie eine frisch gebackene Mutter, die allen Fotos von ihrem Nachwuchs aufdrängt, trage ich stolz meine Brüste zu Schau. Innerhalb weniger Monate sind sie sensationell groß und straff geworden und so wunderbar empfindlich. Mir ist, als hätte ich weitere sechs Sinne entwickelt. Ich komme zum Höhepunkt wie die Königin von Feuerland.

Ich bin so erfüllt von meiner Schwangerschaft, dass ich jedem, der es hören will, davon erzähle. So gewinnt sie auch für mich immer mehr an Bedeutung. Meine Freundinnen Isabel, Lisa und Natascha schenken mir das Buch *Niederkommen und aufstehen*, mit wohlwollenden Widmungen, dass sie gern als Babysitter zur Verfügung stehen, dass Aufwachsen mit Aupairs aber auch ganz nett sein kann. Sie erklären mich für verrückt, weil ich mich freiwillig für die Unfreiheit mit einem Kind entscheide, und das, obwohl ich noch nicht einmal die magische Dreißigergrenze überschritten habe. Aber sie finden es auch interessant, schließlich bin ich die Erste in unserem Freundeskreis. Zum Dank für das Buch zeige ich ihnen meine entblößten Brüste, was mit angemessener Bewunderung kommentiert wird.

Nur eine Freundin, Anna, hat bereits ein Kind. Weil sie keinen Mann dazu hatte, durfte ich bei der Entbindung dabei sein. Sie brachte ihr Kind auf einem Barhocker vor dem Bett zur Welt. Ich saß hinter ihr, um sie zu stützen. Zwischen den Wehen ließ sie sich rückwärts in meine Arme fallen, und ich strich ihr das Haar aus dem verschwitzten Gesicht. Wenn sie presste, schob ich mich wie ein lebender Sessel um sie, und sie kniff mir blaue Flecken in die Beine. Ihre Schmerzen fing ich mit dem Körper auf, und ich spürte auch, wie die große befreiende Welle von innen heraus entstand. Vor Annas Füßen hatte ich einen Spiegel aufgestellt, damit sie die Geburt sehen konnte. Sie war vor Anstrengung halb bewusstlos, aber ich sah, wie das Köpfchen zum Vorschein kam und wie der kleine Körper herausglitt. Alles strömte, Blut, Fruchtwasser, Tränen. Ich durfte die Nabelschnur durchschneiden. Anna hat ihre Tochter nach mir benannt. Judith ist jetzt vier und will später auch meinen Paul heiraten.

Meine Mutter und meine »Schwiegermutter« finden es großartig, dass ich schwanger bin. Meine Mutter hat bereits drei Enkelkinder von meinem älteren Bruder, hofft aber auf viele weitere. Jedes neue Leben in der Familie ist für sie wie ein im Nachhinein errungener Sieg über die Nazis, die ihre Mutter, ihre Tanten, Cousins und Cousinen umgebracht haben. Die Enkelkinder stellen ihre persönliche Kompensation und auch ihren Triumph dar: So leicht werdet ihr uns nicht los!

Geertje hat zwei Töchter aus einer früheren Ehe, aber noch keine Enkel. Ihre Tochter Loes hätte gern Kinder, aber sie lebt mit einem Mann zusammen, der sich schon mit Mitte zwanzig hat sterilisieren lassen, weil er nie Kinder wollte. Simon war sich seiner Sache so sicher, dass er den Arzt überreden konnte. Manche Leute überzeugen andere leichter als sich selbst. Jetzt hat er sich operieren lassen, um den Eingriff rückgängig zu machen, aber das Sperma wird durch jahrelanges Abklemmen offenbar nicht besser. Geertjes zweite Tochter Irene hat das Down-Syndrom und ist ebenfalls sterilisiert. Dazu hatte es keiner Überredungskunst bedurft.

Paul hat noch einen Bruder und eine Schwester, aber bei beiden stehen die Chancen auf Fortpflanzung schlecht. Seine Schwester ist lesbisch, und die Beziehungen seines Bruders halten nie lange. Paul freut sich, dass der Familienname seines Vaters nun weitergegeben wird. Ich dagegen vermute, dass das Dick ziemlich gleichgültig ist, wenn wir beide nur glücklich sind. Simon und Loes reagieren spröde auf unsere Neuigkeit, wahrscheinlich sind sie neidisch. Mein jüngerer Bruder ist erstaunt - du?, jetzt schon? - und neckt mich, indem er mir eine Zukunft mit vollen Windeln und Geschrei ausmalt. In zwei Jahren, sagt er, wolle er wieder bei mir vorbeischauen, wenn das Kind aus den Windeln heraus sei und zu sprechen anfange. Mein Vater muss sich erst von dem Schrecken erholen, bevor er mich gerührt in die Arme schließt. Für ihn bin ich noch immer sein süßes kleines Prinzesschen. Mein älterer Bruder, der aus Erfahrung spricht, sagt feierlich, Kinderkriegen bedeute eine Bereicherung des Lebens. Er und seine Frau freuen sich sehr auf eine Nichte oder einen Neffen, genau wie meine jüngere Schwester.

Nur bei der Arbeit sage ich nichts. Ich habe einen Zeitvertrag als Verlagsredakteurin, und man will mich eventuell fest anstellen. Wenn sie erfahren, dass ich ein Kind erwarte, überlegen sie es sich womöglich anders.

Jetzt bin ich in der zwölften Woche schwanger. Ich lese alles über Schwangerschaft und schaue mir zum ersten Mal im Leben Babykleidung an. Ich kaufe ein Baumwolljäckchen mit niedlichem Spitzenkragen und verwahre es sorgfältig im Schrank. Für mich selbst kaufe ich eine weitere Hose, denn ich werde schnell dicker. Paul legt oft schützend die Hände auf meinen sich wölbenden Bauch. Ab und zu vergesse ich, dass ich schwanger bin, aber dann erinnert mich sein Blick immer wieder daran. Er sieht mich anders an, intensiver, neugierig und staunend.

Wir fangen an, uns Namen zu überlegen. Zu meiner Verwunderung stelle ich fest, dass ich unserem Kind gern einen jüdischen Namen geben möchte. Dass ich auf diese Weise etwas vom Familienerbe weitergeben will, hätte ich nie gedacht. Auf Traditionen und Familienforschung glaubte ich bisher keinen Wert zu legen, aber nun, da ich schwanger bin, empfinde ich mich als Teil eines großen Ganzen. Ich verbinde die Vergangenheit mit der Zukunft, indem ich ein Kind in die Welt setze. Meine Mutter hat einen Stammbaum unserer Familie von ihrer Seite. Auf einem einzigen eng beschriebenen Blatt steht hinter jedem Namen in morbider Eintracht derselbe Ort und dasselbe Jahr: Auschwitz 1943. Einem dieser Namen möchte ich gern neues Leben einhauchen. Paul ist einverstanden.

Ich betrachte Baby- und Kinderfotos von mir selbst und von Paul, um mir eine Vorstellung davon zu machen, wie unser Kind aussehen wird. In meiner Familie wird oft über das starke Gen mütterlicherseits gewitzelt. Es heißt, man erkenne uns schon aus Kilometern Entfernung an den vollen Wangen, den funkelnden Augen und den dichten Augenbrauen. Kommt ein neues Kind zur Welt, wird zufrieden festgestellt, dass auch das Kleine »den Stempel« trägt. Ich selbst bin nur teilweise mit der herben dunklen Schönheit der Familie meiner Mutter gesegnet. Ich habe die sanften grünbraunen Augen meines Vaters geerbt. Ob ich ansonsten eher meinem Vater oder meine Mutter ähnele, darüber gehen die Meinungen auseinander. Mir ist es gleich: Sie sehen beide gut aus. Paul hat hellblaue Augen, und als Kind war er eher blond, trotz der indonesischen Abstammung seines Vaters. Genetische Eigenschaften überspringen manchmal eine Generation. Wer weiß, vielleicht sieht unser Kind ja wieder indonesisch aus. Mir wäre dunkel lieber als blond und blauäugig; ich hoffe auf unseren »Familienstempel« in Kombination mit den feinen Gesichtszügen von Pauls Familie. Musikalisch, lebhaft und intelligent. Und gesund natürlich.

Bei der Untersuchung sagt die Hebamme, es fühle sich alles gut an. Nur das Herzchen höre sie noch nicht schlagen. Aber das habe nichts zu bedeuten, meint sie, das komme öfter vor. Vermutlich liege das Kind zu tief im Bauch, außerhalb der Reichweite des Stethoskops. Ich hatte mich auf dieses erste Lebenszeichen gefreut. Auf mein Drängen hin vereinbaren wir, dass in zwei Wochen eine Ultraschalluntersuchung gemacht wird.

Am Tag vor dem Termin beginnt es in meinem Bauch zu grummeln. Wir sind gerade unterwegs zum »Ijsbreker«, wo mein spanischer Lieblingsschriftsteller fürs Fernsehen interviewt werden soll; ich war an den Vorbereitungen für das Interview beteiligt. Paul hat sich mit Mühe früher von seiner Arbeit freimachen können, um mich zu begleiten. Vor dem »Ijsbreker« bricht mir der kalte Schweiß aus. Ich fühle mich, als könnte ich jeden Moment ohnmächtig werden, wie damals, als ich meine erste Periode bekam. Ich muss nach Hause, mich hinlegen. »Da drin ist was nicht in Ordnung«, sage ich zu Paul. Verärgert und besorgt bringt er mich nach Hause, dann geht er zum Einkaufen auf den Albert-Cuyp-Markt.

Ich lege mich aufs Bett. Dann setzt die Blutung ein. Ich rufe die Hebamme an. »Blutverlust zwischendurch ist ganz normal«, sagt sie. »Das kommt öfter vor. Machen Sie sich keine Sorgen.«

Ich versuche mich zu entspannen. Paul hätte längst zurück sein müssen. Die Schmerzen werden fast unerträglich. Ich schleppe mich aufs Klo und bleibe dort sitzen, weil ich mich zu schlapp fühle, um wieder ins Schlafzimmer zu gehen. Auf einmal spüre ich, dass ich mehr verliere als Blut. Unter mir platscht es. Sofort lassen die Krämpfe nach. Mir ist klar, dass ich eine Fehlgeburt habe, aber ich erfasse nicht, was das bedeutet. Körperliche Erleichterung ist alles, was ich empfinde. Ich stehe auf um nachzusehen, kann aber in dem glitzernden Blutklumpen keinen Embryo erkennen. Trotzdem muss er da drin sein.

Noch nie habe ich gehört oder gelesen, was andere in solch einer Situation machen. Soll ich irgendein Werkzeug holen und nachsehen, ob der Embryo zum Vorschein kommt, wenn ich das Häutchen entferne? Ein Schaschlikstäbchen? Messer und Gabel? Oder begrabe ich es besser gleich im Garten? Eine Leiche darf man nicht einfach im Garten begraben, dafür gibt es Vorschriften. Aber ein Embryo ist doch noch keine Leiche, oder? Vielleicht warte ich doch besser, bis Paul zurück ist, damit wir es zusammen machen können. Ich bin wütend auf Paul, er hat mich allein gelassen. Soll ich einfach die Spülung ziehen? Oder es rausholen und in den Mülleimer werfen? Dann kann ich Paul nachher mit der Mitteilung schockieren: »Dein Kind liegt im Mülleimer.«

Aufbewahren, entscheide ich, vielleicht muss es ja noch untersucht werden. Aus der Küchenschublade hole ich einen Schöpflöffel, schöpfe die glibberige Masse aus der Kloschüssel und gebe sie in einen Tupperbehälter. Hätte ich es erst abkühlen lassen müssen?, überlege ich, während ich in der Gefriertruhe Platz schaffe, zwischen einem Plastikbeutel mit Tintenfisch vom Markt und einem eingeschweißten Maishähnchen aus dem Supermarkt, das unbeholfen auf dem Rücken liegt und die Beine hochstreckt. Dann spüle ich den Schöpflöffel sorgfältig ab und lege ihn wieder in die Schublade. Jetzt erst merke ich, wie sehr meine Beine zittern. Ich muss wieder ins Bett. Paul ist noch immer nicht da. Ich rufe bei Isabel an, aber sie ist nicht zu Hause. Natascha erreiche ich; sie kommt sofort und nimmt mich in die Arme. Jetzt endlich kann ich heulen. Und so viel Wein trinken, wie ich nur will.

Paul hatte auf dem Markt einen Freund getroffen, mit dem er in die Kneipe gegangen ist. Nein, wahrscheinlich sei es keine gute Idee gewesen, so lange wegzubleiben. Im Nachhinein betrachtet. Aber das habe er natürlich nicht voraussehen können. Ich suche immer psychologische Erklärungen für das Verhalten anderer; diesen Tick habe ich von zu Hause mitbekommen. Pauls Fluchtneigungen, die mir keineswegs neu sind, erkläre ich damit, wie bei ihm zu Hause mit dem Tod der Mutter umgegangen wurde! Kummer kann man nicht gemeinsam tragen, man muss ihn schnellstmöglich vergessen; wenn man tut, als gäbe es ihn nicht, verschwindet er von selbst. So ist Paul konditioniert, dafür kann er nichts.

Jetzt aber hilft mir diese Überlegung nicht weiter. Mir kommen Zweifel, ob ich wirklich gut daran tue, mein Leben mit einem Mann zu verbringen, der sich in den entscheidenden Situationen verdrückt. Es kann noch so viel Schlimmes kommen. Je älter man wird, desto mehr davon steht einem bevor. Bisher ging es immer gut mit uns, doch das war keine Kunst, denn alles lief wie am Schnürchen. Aber bald werden wir Kinder haben. Wenn die nun schwer krank werden oder sterben, was dann?

Am nächsten Tag begleitet meine Mutter mich zum Ultraschalltermin ins Prinsengracht-Krankenhaus. Ich habe beschlossen, sicherheitshalber doch hinzugehen. Ich kann einfach noch nicht glauben, dass es mit meiner Schwangerschaft nach solch einem langen Anlauf so schnell vorbei sein soll. Vorab muss ich Unmengen Wasser trinken, sodass mir im Wartezimmer fast die Blase platzt. Als ich endlich auf dem Untersuchungsstuhl liege, vergesse ich den Blasendrang für kurze Zeit. Auf dem Bildschirm ist unverkennbar ein Embryo zu sehen. Er hat bereits menschliche Gestalt, Kopf, Rumpf, Ärmchen, Beinchen. Na also! Ich habe nur Blut und Schleim verloren! Ich bin nach wie vor schwanger! Mein Herz schlägt schneller, aber der Arzt fällt sein Urteil: »Es ist keine Herztätigkeit mehr festzustellen. Das ist ein etwa zwölf Wochen alter Fötus. Die Schwangerschaft ist demnach schon seit einer oder zwei Wochen beendet. Vermutlich waren es zweieiige Zwillinge, und Sie haben die andere Frucht gestern verloren.«

Ich wundere mich über das Wort »Frucht«, höre, wie

ich mich höflich für die Informationen bedanke, raffe meine Kleider an mich und renne aufs Klo. Erst pinkeln. Dann brechen. Dann weinen.

Meine Mutter umarmt mich, als wir zusammen das Krankenhaus verlassen. Tröstend sagt sie: »Ach, weißt du, Zwillinge wären wirklich unpraktisch gewesen. Du ahnst nicht, wie viel Arbeit das macht. Auf Zwillinge hätte ich nicht aufpassen mögen.«

Ich denke an eine andere Situation vor Jahren, als sie mich ebenfalls trösten wollte. Damals war es gerade aus mit einer ersten großen Liebe, einem Jungen, zu dem ich mich so sehr hingezogen fühlte, dass wir auch in der Öffentlichkeit buchstäblich aneinander klebten, sehr zum Ärger der Umstehenden. Wir gingen vollkommen ineinander auf. Ältere Leute hielten meinen Freund für unhöflich, aber ich fand ihn stark, authentisch und unkonventionell. Er gab prinzipiell niemandem die Hand, für ihn war das eine hohle Geste. So links wie er wäre ich gern gewesen, aber dafür war ich zu leichtfertig. Er ging nach Nicaragua, um die Revolution zu unterstützen. Ich machte eine Weltreise und hatte ein Liebesabenteuer nach dem anderen. In meinen Briefen erzählte ich ihm ausführlich davon, denn Eifersucht war kleinbürgerlich, und wir hatten eine offene Beziehung. Aber als ich zurückkam, hatte er eine neue große Liebe. Mit solch radikaler Untreue hatte ich nicht gerechnet. Ich vergoss dicke Tränen über meiner Pizza. Meine Mutter nahm einen Bissen von ihrer und sagte: »Ach, weißt du, eigentlich ist es ganz gut so. Der Junge war doch recht unangepasst.«

Trösten ist eine Kunst, auf die sich nur wenige verstehen, auch wenn sie es noch so gut meinen. Viele glauben, sie trösten einen, indem sie sagen: »Kopf hoch, das wird schon wieder«, »Bald hast du das Ganze wieder vergessen« oder »Im Grunde genommen ist es doch besser so«. Aber wer getröstet werden will, hat nichts davon. Es wird keineswegs wieder, es ist überhaupt nicht besser so!

Als mein Bruder vom Gymnasium abging, geriet er in eine Krise. Er wusste nicht, wie er seinem Leben eine Richtung geben sollte, und er hatte entsetzliche Angst vor der Zukunft. Er verkrampfte sich, im konkreten wie im übertragenen Sinn. Irgendwann wurde es so schlimm, dass er fast nicht mehr sprechen konnte. Meine Eltern, die damals in Scheidung lebten, wussten nicht, wie sie ihm helfen sollten. Mein Vater überschüttete ihn mit guten Ratschlägen, mit denen mein Bruder absolut nichts anfangen konnte. Er zog sich nur noch mehr in sich zurück. Mein Vater konnte es nicht mehr mit ansehen, und eines Abends brach er mitten in einem seiner gut gemeinten Monologe in Tränen aus. »Ich will dir so gern helfen«, schluchzte er, »aber ich weiß einfach nicht, wie. Ich finde das alles so schrecklich für dich!«

Daraufhin ließ auch mein Bruder den Tränen freien Lauf. Endlich wurde sein Gefühl der Ohnmacht nicht mit guten Ratschlägen weggeredet, sondern geteilt. Dass zwei Männer miteinander weinten, denen es sonst im Traum nicht eingefallen wäre, in Gegenwart eines anderen Tränen zu vergießen, bildete den Auftakt zur Genesung meines Bruders.

Der Arzt sagt, ich solle ruhig warten, bis auch die zweite Frucht von selbst abgehe. »Der Körper hat die natürliche Neigung, totes Material abzustoßen.« Er erklärt auch, dass bei der ersten Fehlgeburt normalerweise keine Untersuchung vorgenommen werde, denn meist fänden sie ja doch keinen Grund. Das Material, das ich noch in der Gefriertruhe hätte, bräuchte ich also nicht aufzubewahren.

Aus diesen Worten - Frucht, Material - spricht eine ungeheure Distanz. Als hätte es nichts mit mir zu tun. Und vor allem nichts mit ihnen. Okay, dann werf ich das Material eben in den Mülleimer. Zusammen mit dem viel zu niedlichen Babyjäckchen, das ich nie hätte kaufen sollen. Was für ein Hochmut, die Dinge so vorwegzunehmen!

Ich nehme Wechselbäder und fahre mit dem Rad durch Schlaglöcher, um auch die andere Hälfte loszuwerden. Ich bitte Paul, dass er mich möglichst hart nimmt, mit tiefen Stößen. Ich will meinen Körper strafen, ihm einen Schreck einjagen, aber es bleibt unheimlich ruhig in meinem Bauch. Ich habe nicht mehr allzu viel Vertrauen in die natürlichen Neigungen meines Körpers. Der Embryo hat garantiert nicht vor, meinen Körper aus eigenem Antrieb zu verlassen. Ständig bin ich mir des toten Lebens in meinem Bauch bewusst. Ich habe einmal gelesen, dass bei einer Leichenschau ein versteinerter Embryo in der Gebärmutter einer alten Frau gefunden wurde; über ein halbes Jahrhundert war sie damit herumgelaufen. An so etwas darf ich gar nicht denken. Ich dränge darauf, dass der Embryo im Krankenhaus entfernt wird. Aber im Krankenhaus herrscht Bettenmangel. Wir schalten einen befreundeten Gynäkologen ein, und auf einmal ist eine Notaufnahme zur Ausschabung binnen einer Woche doch möglich, am Freitag, dem 13. – was soll's. Viel mehr kann ja nicht schief gehen.

Die Woche schleppt sich dahin. Dann darf ich endlich ins Academisch Medisch Centrum. Im Krankenzimmer spielt meine Mutter eine Runde Scrabble mit mir, um die Zeit totzuschlagen. Wir spielen beide nicht gern, aber jetzt ist es eine gute Ablenkung. Bei meinem bisher einzigen Krankenhausaufenthalt war ich etwa drei Jahre alt, und ich erinnere mich überhaupt nicht mehr daran. Operiert worden bin ich noch nie. »Das ist keine Operation, sondern nur ein kleiner Eingriff«, beruhigt mich die Krankenschwester. Ich muss einen Einmalschlüpfer und ein steifes baumwollenes Krankenhaushemd anziehen und bekomme eine alberne Duschhaube auf den Kopf. »Der Hygiene wegen«, erklärt die Schwester. Auch Ring, Kette und Armbanduhr muss ich abgeben. Nichts von mir darf mit in den Operationssaal. Es ist wie ein Vorgeschmack auf die Narkose, die mir bevorsteht: Sie lassen mich schon jetzt teilweise verschwinden. Obwohl ich sehr gut selbst gehen kann, werde ich auf einem Krankenhausbett in den Operationssaal geschoben. Der Anästhesist gibt mir die Hand und stellt sich vor; für diese menschliche Geste in der sterilen Umgebung bin ich ihm dankbar.

Außer ihm sind noch ein paar andere da, alle in der gleichen grünen Kleidung. Es ist genau wie in diesen blutigen Operationssendungen im Fernsehen, in die man sich manchmal versehentlich reinschaltet. Ich erhasche einen Blick auf ein Tischchen mit medizinischen Instrumenten. Ob sie eine Gabel mit langem Stiel dazu nehmen? Oder ein Vakuumsauggerät? Ich versuche meine Gedanken zu einem anderen Programm weiterzuzappen, aber sie bleiben hartnäckig an den Instrumenten hängen.

Inzwischen wird der Tropf gelegt, mit dem sie mir gleich die Narkose geben. Ich habe keine Angst vor Nadeln. Als Studentin habe ich bei einer Untersuchungsreihe mitgemacht: Es ging um Bluttests nach Tabletteneinnahme. Man musste erst Zuckerwasser trinken und sich dann eine Menge Blut abzapfen lassen. Das Ganze war hervorragend bezahlt. Wenn man sich entspannen kann, spürt man kaum etwas davon. Und ich kann mich sehr gut entspannen.

Die Narkose allerdings ist mir unheimlich. Ich habe schon von Leuten gehört, die nicht mehr daraus aufgewacht sind.

Wieder im Krankenzimmer, guckt Paul mit großen ängstlichen Augen meinen Tropf an. Dass er sich offenbar Sorgen um mich macht, tut mir gut. Die Fehlgeburt selbst scheint ihm nicht so nahe zu gehen, obwohl ich mir bei ihm nie sicher bin. Er ist so verschlossen, dass ich manchmal - um ihn zu ärgern - sage, er habe überhaupt keine Gefühle. Meine Mutter hatte vor der Ausschabung zu mir gesagt, er sei bleich und völlig durcheinander. Davon habe ich nichts gemerkt. Aber vielleicht nimmt mich das, was in mir vorgeht, so sehr in Beschlag, dass ich nicht wahrnehme, wie es sich auf ihn auswirkt. Ich fühle mich innerlich wie zermatscht, als hätte mir jemand mit Wucht in den Bauch getreten, und bitte um eine Schmerztablette. Als die Schmerzen endlich nachlassen, verspüre ich das primitive Bedürfnis, sehen zu wollen, was sie aus meinem Bauch geholt haben. Der Arzt sagt, das sei nicht möglich. »Das Material wurde bereits vernichtet.« Alles ist fort. Ich bin vollkommen leer.

Paul hat sich eine Theorie ausgedacht. Er erzählt mir von einer Freundin, die eine Abtreibung hatte, was sie später sehr belastete. »Das ist viel problematischer als eine Fehlgeburt«, sagt er. »Bei einer Abtreibung wird ein gesundes Kind weggemacht. Was man bei einer Fehlgeburt verliert, wäre ohnehin nie ein gesundes Kind geworden.«

Völlig perplex argumentiere ich dagegen: Eine Abtreibung lasse man doch freiwillig vornehmen, eine Fehlgeburt passiere einem. Auf eine Abtreibung könne man sich noch irgendwie vorbereiten, eine Fehlgeburt treffe einen wie aus heiterem Himmel. Eine Abtreibung mache man gewöhnlich am Anfang der Schwangerschaft, wir aber hätten die kritische Dreimonatsgrenze doch bereits hinter uns gebracht. Aber eigentlich will ich überhaupt nicht darüber reden, nicht auf diese Art. Also fange ich wieder an zu heulen.

Ich wollte, Paul würde sich einmal gehen lassen oder zumindest sagen, dass es auch für ihn schlimm ist. Wie sonst könnten wir diesen Verlust gemeinsam tragen? Für ihn muss es doch auch eine Enttäuschung sein. Er hatte sich doch auch darauf gefreut, sonst hätte er mich doch vor dem Schlafengehen nicht immer so liebevoll auf den immer runder werdenden Bauch geküsst. »Hallo-hallo, du da drin«, sagte er dann, »wie geht's dir? Hast du's schön warm im Bauch? Wir gehen jetzt schlafen. Du am besten auch, dann wirst du groß und stark.«

Am Tag, nachdem ich aus dem Krankenhaus zurück bin, noch wacklig von der Narkose und den Emotionen, bleibt Paul nach der Arbeit wieder viel zu lange in der Kneipe hängen. Als er endlich in einer Wolke aus Alkoholdunst und Zigarettenrauch nach Hause kommt, explodiere ich. Das ist einfach nicht normal! Wenn er sich nicht ändert, soll er doch gleich in die Kneipe ziehen! Ich will mein Leben nicht mit so einem Mistkerl verbringen, der mich dann, wenn ich ihn am meisten brauche, allein lässt. Und wie oft kommt das schon vor! Ein einziges Mal hätte ich seine Unterstützung gebraucht, und da musste er sich unbedingt voll laufen lassen. Ob er es denn normal fände, wenn ich ausginge, während er mit Nachblutungen zu Hause auf dem Sofa liegt? Und schließlich war es nicht irgendein Eingriff, es ging ja auch um sein Kind! Das zweite Kind, das wir binnen einer Woche verloren haben. Und jetzt lässt er mich zum zweiten Mal in einer Woche auf so schuftige Art im Stich! Ein Kind kriegt man zusammen, und man verliert es auch zusammen. Wenn er so ein Waschlappen ist, dass er das nicht auf die Reihe kriegt, dann soll er doch gleich abhauen.

Verdammt noch mal, das alles passiert doch mit *meinem* Körper. Er kann ganz normal zur Arbeit gehen, während ich leer geschabt auf dem Sofa liege. Er braucht sich nicht mal einen Tag frei zu nehmen, obwohl ich das an seiner Stelle getan hätte. Aber nach der Arbeit gleich nach Hause kommen, ist das etwa zu viel verlangt? Er hätte ja auch zu Hause eine Flasche Wein aufmachen können. Mir fehlt dazu noch die Kraft, aber etwas trinken möchte ich auch gern. Daran hat er wohl nicht gedacht, dass ich auch was will. Dass mir seine Gesellschaft wichtig gewesen wäre.

An seinem feigen Verhalten muss sich umgehend etwas ändern, sonst ist es aus mit der Beziehung. Ich will, dass er innerhalb einer Woche einen Termin bei einem Psychiater macht. Allein bei der Vorstellung wird ihm ganz anders: Wenn es Paul vor etwas graut, dann vor Herumgewühle in seinem Seelenleben. Aber er gibt meinen Drohungen nach.

Triumphierend kommt er vom Aufnahmegespräch zurück. Er hat dort gesagt, seine Freundin habe ihn geschickt. Darauf hat der Psychiater geantwortet: »Dann haben nicht Sie ein Problem, dann hat Ihre Freundin eines. Sie sollte für sich einen Termin vereinbaren.« Ich kapituliere. Gegen so viel Unverständnis komme ich nicht an. Was sollte ich auch tun, wenn sogar schon die Psychiater verrückt sind? Paul ist ein hoffnungsloser Fall. Ich gebe also den Kampf auf, denn ich bin viel zu müde, und außerdem kann ich nur verlieren. Wenn ich jetzt Schluss mache, an wen soll ich mich dann abends ankuscheln? Also gucken wir uns an dem Abend zusammen im Fernsehen einen amerikanischen Schmachtfetzen an. Der Film ist romantisch bis zum Erbrechen, und man kann herrlich darüber lästern. Ich liege mit dem Kopf in Pauls Schoß auf dem Sofa, er krault mir mit einer Hand das Haar. Dasein ist auch eine Art Trost. Trennen kann ich mich immer noch, wenn es mir wieder besser geht.

Mein Bauch ist noch immer blödsinnig gewölbt, obwohl das jetzt zu nichts mehr gut ist. »Ihr Körper muss sich von der Schwangerschaft erholen«, sagt der Arzt. »Es kann ein paar Wochen dauern, bis Ihr Hormonhaushalt wieder in Ordnung ist.«

Paul führt meine Weinkrämpfe und meine Wut auf das Hormonchaos zurück. Das bringt mich noch mehr auf: als wäre das alles eine rein körperliche Angelegenheit, als dürfte ich nicht emotional auf den Verlust des Kindes reagieren, das wir zu bekommen glaubten, der Zwillinge, die in mir gestorben sind.

Nicht nur auf Paul bin ich wütend, sondern auf jeden, der meine Fehlgeburt ignoriert oder bagatellisiert.

Der Freundes- und Familienkreis zerfällt für mich in zwei Lager: Leute, an denen ich etwas habe, und Leute, an denen ich nichts habe. Meine Mutter ist nicht immer taktvoll, aber sie kümmert sich so liebevoll um mich, dass sie unbestritten Platz eins in der erstgenannten Kategorie erobert. Fast täglich kommt sie vorbei, und wenn nicht, dann ruft sie an, um mir zu zeigen, dass sie an mich denkt. Geertje, die weiter weg wohnt, schickt mir einen wunderbaren Blumenstrauß mit lieben Worten auf einer Karte. Sie ist auch in Ordnung, ebenso Isabel, Natascha, Lisa und Anna, die vorbeikommen und mir Gesellschaft leisten. Sie bringen mir Trostlektüre und Törtchen mit.

Es gibt aber auch Leute, die auf einmal nichts mehr von sich hören lassen. Dass mein älterer Bruder und seine Frau dazugehören, die so begeistert über meine Schwangerschaft waren, macht mir schwer zu schaffen.

Als ich deswegen Albträume bekomme, beschließe ich, sie anzurufen und mit meinen Vorwürfen zu konfrontieren. Lässt man so etwas auf sich beruhen, wird es bloß noch schlimmer. Und dafür stehen sie mir zu nahe. Wie sich herausstellt, haben sie sich nicht getraut anzurufen, weil sie selbst problemlos drei Kinder bekommen haben. Sie hielten es für besser, mich eine Weile ganz in Ruhe zu lassen.

Eine meiner Freundinnen hat eine Theorie darüber, weshalb sich Gutgemeintes oft gegenteilig auswirkt. Ihrer Ansicht nach entstehen die meisten Missverständnisse durch feste, nicht hinterfragte Annahmen. Die Leute vermuten zu viel und fragen zu wenig. Und das, wo durch Fragen die Bedürfnisse anderer doch am einfachsten zu ergründen sind. Sie hätten mich anrufen und mir sagen können, dass sie es schlimm für mich fänden. Sie hätten fragen können, ob ich lieber noch eine Weile in Ruhe gelassen werden wolle. Dann hätte ich nein gesagt und wäre meine Geschichte losgeworden, denn genau das will ich: sagen, was passiert ist, damit ich es mir selbst ein wenig bewusster machen kann.

Bei meinem ersten Kneipenbesuch nach dem Krankenhausaufenthalt erwähnen die Freunde, mit denen wir verabredet sind, die Fehlgeburt den ganzen Abend mit keinem Wort. Lieber wäre ich allein zu Hause geblieben, als so einsam zwischen meinen Freunden in der Kneipe zu sitzen. Zweifellos vermuten auch sie, dass ich lieber nicht darüber sprechen will, und wenn doch, dass ich dann schon selbst davon anfange.

Die Verlegenheit angesichts eines Verlustes, den jemand erlitten hat, ist mir nicht fremd. Kondolieren nach einem Sterbefall fällt auch mir schwer: Wie die richtigen Worte finden, welchen Ton schlägt man an? Dabei existieren für diese Situation zumindest Wendungen, auf die man zurückgreifen kann, wie »mein Beileid«. Für eine Fehlgeburt gibt es keine solche Standardreaktion. Es ist also nur logisch, dass andere Probleme damit haben. Dennoch bin ich enttäuscht. Es sind meine Freunde, und von ihnen erwarte ich, dass sie ihre Scheu überwinden und Interesse oder Anteilnahme zeigen. Dass ich nicht selbst darum zu bitten brauche.

Andere wiederum sagen zwar etwas, liegen aber voll daneben. »So was passiert sehr oft. Jede vierte Schwangerschaft endet mit einer Fehlgeburt«, weiß einer zu erzählen. »Nächstes Mal klappt's bestimmt!«, sagt der andere aufmunternd, als hätte ich gerade eine Runde Mensch-ärgere-dich-nicht verloren.

Paul hält mich für überempfindlich. »Wenn sie nichts sagen, ist es nicht recht, und wenn sie was sagen, passt es dir auch nicht.« Vielleicht ist dem ja so. Vielleicht bin ich wütend wegen der Fehlgeburt, und das äußert sich nun in Zorn über das Unvermögen anderer, mich zu trösten. Trotzdem. Sie brauchen doch bloß zu sagen: »Wie geht's dir denn jetzt?« und dann noch die Antwort abwarten, statt nervös und einen Tick zu schnell das Thema zu wechseln.

Für gewöhnlich sprechen Frauen von ihrer Schwangerschaft erst nach Ablauf der ersten drei Monate, weil die Gefahr einer Fehlgeburt in dieser Zeit am größten ist. Wenn es dann schief geht, braucht keiner davon zu erfahren. Als hätte die Welt für einen nicht zwei Mal auf dem Kopf gestanden, erst durch die Schwangerschaft und dann durch das Scheitern. Als wäre es etwas, für das man sich schämen müsste. Als hätte man dadurch irgendwie persönlich versagt. Verdammt noch mal, ich bin doch nicht meine Gebärmutter!

Offenbar verstehen es nur Leute , die selbst ähnliche Erfahrungen gemacht haben. Zum Beispiel Isabels Bruder, ein Psychologe, der nun zwei gesunde Kinder hat. Seine Frau hat ihr Kind noch viel später in der Schwangerschaft verloren. »Es war das Schlimmste, was uns je passiert ist«, sagt er ernst. »Das Kind war so lebendig: in ihrem Bauch, in unseren Gedanken und Zukunftsplänen. Es hat lange gedauert, bis wir den Verlust überwunden hatten. Erst als wir ein anderes Kind bekamen, konnten wir den Trauerprozess abschließen.« Besonders das würdige Wort »Trauerprozess« geht mir immer wieder durch den Sinn. Von ihm geht Anerkennung aus.

Wenn jemand stirbt, ist das Begräbnis eine Art von Trauer, die es den Angehörigen ermöglicht, den Kummer mit anderen zu teilen. Man kann gemeinsam Abschied von dem Verstorbenen nehmen und später Erinnerungen an ihn austauschen. Aber an unser Kind hat niemand außer uns eine Erinnerung. Für andere existierte es ja noch gar nicht. Es existierte nur in meinem Bauch und in meinem Kopf.

Bei einer Fehlgeburt gibt es keine Rituale, kein Begräbnis. Bei einer Fehlgeburt gibt es nichts, überhaupt nichts, außer dem ungeschriebenen Gesetz, dass man den Verlust in aller Stille zu ertragen hat.

II VOM KINDERWUNSCH *zum Albtraum oder die Jagd auf Tätowierungen und Lebenslust*

Statt der Zwillinge bekomme ich eine neue Stelle. Genau zum errechneten Entbindungstermin findet das Vorstellungsgespräch statt. Der Zug nach Den Haag hat wegen technischer Störungen Verspätung, und als ich dann aussteige, reiße ich mir durch eine ungeschickte Bewegung die Strumpfhose am Henkel meiner Tasche auf. Sofort bildet sich eine Riesenlaufmasche. Ich werfe mich in ein Taxi, lasse den Fahrer kurz bei einem Geschäft anhalten, stürme hinein und kaufe mir eine neue Strumpfhose. Hinten im Auto ziehe ich sie an, wobei der Fahrer meine Bemühungen aufmerksam im Rückspiegel verfolgt. Ich habe mich schick angezogen und geschminkt, ich sehe gut aus. Aber eine richtige Frau werde ich wohl nie: Strumpfhosen sind einfach zu fein für mich. Ich zerre so fest, dass auch das neue Exemplar unter meinen ungeduldigen Händen kaputt geht. Nichts mehr zu machen.

Eine Viertelstunde zu spät komme ich an und finde eine irritierte Bewerbungskommission vor. Ich strecke mein Bein hoch und zeige die zerrissene Strumpfhose, während ich die andere aus der Tasche ziehe. Das sind die Übeltäter, an mir liegt es nicht, dass ich so spät dran bin. Sie lachen, und ab diesem Augenblick verläuft das Gespräch sehr entspannt und angenehm.

Ein paar Tage darauf erfahre ich, dass sie mich haben wollen, unter anderem wegen meiner positiven Ausstrahlung und meines Talents, mich aus einer peinlichen Situation zu retten. Jetzt haben Paul und ich beide die Art Stelle, die wir uns erhofft hatten: er als Journalist bei einer renommierten Tageszeitung und ich als Redakteurin bei einem Den Haager Verlag. Wir öffnen eine Flasche Wein und trinken auf die Zukunft.

Ich komme mit meiner Schwester vom Albert-Cuyp-Markt, unsere Fahrradlenker sind mit Plastiktüten behängt. Wir haben zusammen eingekauft. Sie ist auffallend still. Kurz bevor wir uns, mit den Rädern an der Hand, voneinander verabschieden, sagt sie: »Ich muss dir was sagen. Ich bin schwanger.« Im vierten Monat bereits. Alle wissen es, bloß ich nicht. Sie ist sichtlich nervös, nun, da sie sich endlich traut, es mir zu sagen. Meine kleine Schwester bekommt eher ein Kind als ich. Das ist wider die Natur! Mein Bruder hat inzwischen schon vier Kinder, aber er ist älter, auch wenn wir nicht weit auseinander sind. Seine Frau wurde etwa zu der Zeit, als ich meine Fehlgeburt hatte, mit dem vierten Kind schwanger.

Ich bin ein wenig beleidigt, weil keiner in der Familie es mir zu sagen gewagt hat. Offenbar betrachten sie mich als jemanden, den man mit solchen Neuigkeiten verschonen muss. Aber ich bin eher erschüttert als neidisch. Die Fehlgeburt liegt meinem Empfinden nach schon weit hinter mir. Das Klischee, dass die Zeit alle Wunden heilt, hat sich als zutreffend erwiesen. Vor gut einem Jahr habe ich mich noch über unsensible Bemerkungen aufgeregt wie »Pech gehabt, nächstes Mal wird's schon klappen«. Jetzt denke ich selbst so.

Mit Paul komme ich wieder prima zurecht. Ich verspüre nicht mehr die Neigung, ihn zum Psychiater zu schicken, unsere Freizeit füllen wir lieber mit Dingen aus, die Spaß machen. Wir nehmen an einem Rock'n-Roll-Tanzkurs teil, gehen aus und machen schöne Reisen. Meine Arbeit nimmt mich so in Beschlag, dass ich kaum mehr an Kinder denke. Ich mache die Arbeit gut, sie befriedigt mich sehr, ist abwechslungsreich und spannend. Ich darf Buchmessen in Afrika, Asien und Lateinamerika besuchen und genieße die Kontakte mit Verlegern und Schriftstellern aus allen Teilen der Welt. Ich schäume über vor Ehrgeiz und Ungeduld. Wenn ich genug Berufserfahrung als Redakteurin gesammelt habe, möchte ich bei einem literarischen Verlag in Amsterdam Verlegerin werden. Es kann mir gar nicht schnell genug gehen.

Welchen Platz Kinder in diesem Zukunftsbild einnehmen, davon habe ich keine sehr klare Vorstellung. Die meisten Verleger sind Männer und mit ihrer Arbeit verheiratet. Entweder sind sie Yuppys oder konventionelle Männer, und falls sie überhaupt Kinder haben, dann haben sie zu Hause auch eine Frau, die sich darum kümmert. Verlegerinnen haben, bis auf wenige Ausnahmen, keine Kinder.

Will ich solch eine Ausnahme werden? Ich weiß immer am besten, was ich nicht will. Ich will keine gestresste Karrierefrau werden, die nur »quality time« mit ihren

Kindern verbringt. Und schon gar nicht will ich eine Glucke werden, die auf ihren Kindern hockt und selbst nur noch zu infantilen Äußerungen imstande ist. Aber was ich am allerwenigsten will, ist, mit dem Kinderkriegen zu lange warten.

Meine Eltern waren jung, energisch und aktiv. Ihren Mangel an Kommunikation untereinander glichen sie durch ein intensives Sozialleben aus. Mit vier Kindern auf dem Rücksitz unternahmen sie im Konvoi mit anderen Familien oder allein stehenden Onkeln oder Tanten weite Reisen durch Europa. Zu Hause hatten wir häufig Besuch, es wurde viel gefeiert, und oft waren Logiergäste da. Wenn wir Kinder nicht zu viel Lärm machten oder quengelten, konnten wir bis spätnachts aufbleiben, ohne dass jemand daran dachte, uns ins Bett zu schicken. Immer waren andere Kinder als Spielgefährten da. Ich will auch gern Kinder zwischen Tür und Angel, zwischen Arbeit und Freunden, zwischen Feiern und Reisen. Dafür muss man vermutlich jung und auf jeden Fall flexibel sein. Ich bin einunddreißig und fange bereits an zu grübeln, ob sich Kinder überhaupt mit meinem Leben vereinbaren lassen. Ein weiteres Zeichen, dass ich nicht mehr länger zögern sollte. Als meine Mutter so alt war wie ich, hatte sie schon vier Kinder. Und jetzt ist sogar meine jüngere Schwester schwanger. Mit großer Geste werfe ich mein Pessar, das nach der Fehlgeburt einen Ehrenplatz neben dem Bett bekommen hatte, in den Mülleimer.

Immer noch nicht schwanger. Ich führe Buch über meine fruchtbaren Tage und rufe Paul dann zu: »Komm, wir machen wieder ein Kind!« Wir probieren alles Mögliche aus, um das Resultat positiv zu beeinflussen. Wenn ich eine Sternschnuppe sehe, brauche ich mir nicht erst einen Wunsch zu überlegen. Eine Freundin gibt mir eine Kette mit einem kleinen Stein, den ich direkt auf der Haut tragen muss, um eine optimale Wirkung zu erzielen. Das hat zusätzlich den Vorteil, dass ich ihn unter der Kleidung verstecken kann. Dieselbe Freundin erzählt mir, ihre Schwester sei schwanger geworden, nachdem sie einen fruchtbarkeitsfördernden chinesischen Tee getrunken habe.

In einer Anwandlung von Übermut gehe ich in einen Laden mit Pülverchen und Kräutern am Zeedijk und frage, ob sie solchen Tee verkaufen. Allerdings warte ich erst ab, bis keine anderen Leute mehr da sind. Der Chinese hinterm Ladentisch versteht nicht, was ich meine. Ich versuche es zu erklären, und schon tut mir meine Unternehmung Leid. Der Mann ruft einen Kompagnon dazu, der besser Niederländisch spricht. Inzwischen kommen neue Kunden in den Laden. Mit roten Wangen wiederhole ich flüsternd, was ich haben möchte, und gestikuliere: Trinken, dicker Bauch. Verwirrung allenthalben. Schließlich flüchte ich aus dem Laden. Ich meine sie drinnen lachen zu hören.

Auf dem Tischchen neben dem Bett, wo früher mein Pessar lag, steht nun ein afrikanisches Fruchtbarkeitsfigürchen aus farbigen Perlen und grinst mich ermutigend an. Daneben liegt ein Amulett vom selben Kontinent, das anderen bereits diverse Male gute Dienste erwiesen hat. Eigentlich müsste ich es ebenfalls an einer Kette um den Hals tragen, aber dann würde es dort etwas voll. Also lasse ich es abends vor dem Schlafengehen wie einen Rosenkranz durch meine Finger gleiten.

Irgendwo habe ich gelesen, dass die Chancen dann am besten stehen, wenn erst der Mann zum Höhepunkt kommt und gleich danach die Frau. Die gierige Gebärmutter schlingt dann das Sperma mit orgiastischen Bewegungen in sich hinein und drückt es in die Eileiter. Manchmal widersprechen die Artikel einander. Im einen steht, der Mann müsse mindestens einen Tag davor noch einen Samenerguss gehabt haben, damit das Sperma energiegeladen - neu, jetzt noch besser! - sein Ziel erreicht. Woanders steht, ein paar Tage Enthaltsamkeit seien der Qualität des Spermas förderlich. Wenn die Spermatozoen dann nach ein paar Tagen strenger Haft endlich freigelassen werden, sind sie nicht mehr zu halten! Sie wissen nicht, dass sie möglicherweise einer neuen Gefangenschaft in einem anderen Körper entgegengehen.

Damit sich das Sperma nach all diesen Vorsorgemaßnahmen nicht versehentlich in der Richtung irrt, bleibe ich, nachdem wir miteinander geschlafen haben, minutenlang reglos mit hochgereckten Beinen auf dem Rücken liegen. Mir fällt ein, was eine Freundin einmal gesagt hat: »Du hast Hummeln im Hintern. Wundert es dich da, wenn sich bei dir kein Kind einnisten kann?« Sie müsste mich jetzt mal sehen. Hin und wieder mache ich sogar Kopfstand, damit das Sperma schnurstracks seinem Ziel zufließen kann.

Wieder die Periode bekommen. Am Tag davor habe ich immer rasende Kopfschmerzen, fühle mich unsicher und zweiflerisch. Das war schon immer so. Als ich meinen Zyklus noch nicht genau verfolgte, nahm ich diese existenzielle Verzweiflung sehr ernst. Dann dachte ich immer, ich vermassle alles, könne nichts und sei nichts wert. Am nächsten Tag atmete ich erleichtert auf, wenn ich die Ursache für meinen Gemütszustand entdeckte.

Mit dreizehn bekam ich meine erste Periode; ich hatte sie herbeigesehnt. Andere Mädchen aus meiner Klasse, die sie bereits hatten, hatten einen Sonderstatus, der mir beneidenswert schien. Sie waren schon Frau. Aber als es bei mir so weit war, verstand ich nicht mehr, warum ich mich so danach gesehnt hatte.

Beim ersten Mal - es war in den Sommerferien in Frankreich - warf es mich buchstäblich um. Die Angestellten in dem Geschäft, in dem ich umkippte, riefen sofort einen Krankenwagen, und wenn meine Mutter nicht eingegriffen hätte, wäre ich im Krankenhaus gelandet.

Noch nie zuvor war ich in Ohnmacht gefallen. Es war eine unwirkliche Erfahrung. Erst weicht einem das ganze Blut aus dem Kopf, dann friert man, und die Beine werden schlapp, und im nächsten Moment ist man weg. Man merkt es erst, wenn man wieder zu sich kommt und feststellt, dass man auf dem Boden liegt. Aus der Ferne wehen Geräuschfetzen heran, und langsam wird einem klar, dass es Stimmen sind, die sagen: »Sie ist ja ganz bleich«. Wieder eine Weile später begreift man, dass sie von einem selbst reden. Das ist dann der Moment, in dem man wieder ganz bei sich ist.

Im ersten Jahr ist mir das immer wieder passiert, manchmal mitten im Unterricht. Es durchbrach den öden Schulalltag, und eine meiner Klassenkameradinnen durfte mich nach Hause bringen. Ein reines Vergnügen war es aber nicht, denn auf solch eine Ohnmacht folgten heftige Bauchkrämpfe. Später lernte ich, sie mit Schmerztabletten zu unterdrücken. Es war regelrecht eine Kunst, die rosaroten Riesendinger zu schlucken.

Als ich mit sechzehn anfing, die Pille zu nehmen, verschwanden meine Menstruationsbeschwerden. Dafür brachte die Pille neue unangenehme Begleiterscheinungen mit sich. Ich nahm davon zu und vergaß sie hin und wieder. Und die »Pille danach« gibt einem als echte Rosskur den Rest. Nach zehn Jahren Pilleneinnahme war mir das so zuwider, dass ich die Fummelei mit Kondomen oder einem Pessar vorzog. Alles sinnlos, wie sich im Nachhinein erweist. Das Elend mit der Periode, das Hormonzeug im Körper, der Aufwand bei der Verhütung. Alles aus der lächerlichen Angst heraus, schwanger zu werden. Und das, wo es kein verlässlicheres Verhütungsmittel gibt als meinen eigenen Körper!

In Honduras habe ich bei einem Tiefsee-Tauchkurs auf jemandes Schulter einen wunderschönen Delfin gesehen. Seitdem denke ich immer wieder über eine Tätowierung nach. Es hat mit dem Ausbleiben meiner Schwangerschaft zu tun. Ich möchte gern etwas Unumkehrbares, etwas, das ich selbst an meinem Körper anbringen lasse, und zwar genau dann, wenn ich es will. Etwas, von dem ich sicher sein kann, dass es bleibt.

Eines Tages betrete ich nach einer langweiligen Sitzung in Amsterdam einen Tätowierladen im Rotlichtviertel. Fasziniert betrachte ich all die Fotos und Zeichnungen an der Wand. Ich komme mir vor wie in einem Völkerkundemuseum: überall Abbildungen von tätowierter Haut. Im Raum nebenan höre ich ein Geräusch wie von einem Zahnarztbohrer. Ich spähe um die Ecke: Ein verblasstes Herz auf einem Oberarm wird wieder knallrot eingefärbt. Der Besitzer des Herzens macht keinen Mucks.

Ein über und über tätowierter Mann fragt mich nach meinen Wünschen. Er trägt nur eine kurze Hose, der Oberkörper ist nackt. Keine Stelle seiner Haut ist ungefärbt. Ich fühle mich nackt in meinem Kostüm mit so viel unbedeckter Haut überall: Arme, Beine, Hals, alles ist leer. Verlegen frage ich, ob er auch Delfine hätte, auf einmal erscheint mir die Frage kindisch. Er holt eine Mappe voller Delfine hervor. Große Delfine, kleine Delfine, paarweise übereinander purzelnde Delfine, Delfine, die durch einen Ring oder aus dem Meer springen. Ich frage, ob ich ein Muster mit nach Hause nehmen dürfe, um es meinem Freund zu zeigen und mir das Ganze noch mal durch den Kopf gehen zu lassen.

Der tatöwierte Mann reagiert entrüstet: »Nein, das geht auf keinen Fall! Was glauben Sie denn? Das sind alles Einzelentwürfe, die können wir nicht einfach aus der Hand geben.« Ich zögere kurz, aber dann siegt mein Wunsch, Tatsachen zu schaffen, über meine Zweifel.

Ich entscheide mich für einen Delfin, der aus dem Meer hochspringt. Delfine sind schön, weil sie so beweglich sind, so sinnlich, geschmeidig, stark und intelligent, sie scheinen sogar Humor zu haben. Sie leben im Meer, können sich aber zugleich aus eigener Kraft davon lösen und in die Höhe springen, um dann wieder munter in ihr ureigenstes Element, das Meer, abzutauchen. Auch ich fühle mich im Meer in meinem Element. Ich habe dann das Gefühl, dass ich mit meiner Umgebung harmoniere, dass ich lebe. Nichts finde ich schöner als in eine starke Brandung einzutauchen und mich von der Kraft der Wellen mitziehen zu lassen. Die Vorstellung, etwas von dieser Kraft mit mir herumzutragen, auf der eigenen Schulter, gefällt mir.

Dass die Tätowierung auf die Schulter soll, steht für mich fest. Schulter erweist sich jedoch als dehnbarer Begriff. Als ich sagen soll, wo genau ich den Delfin haben möchte, bin ich überfragt. Notgedrungen überlasse ich es dem Kenner, der sofort die richtige Position bestimmt. Dann müssen die Farben ausgesucht werden. Meine Lieblingsfarben sind Rot und Schwarz.

Der Tätowierriese poltert los: »Rot und schwarz? Ein Delfin ist blau oder grau, meinetwegen auch blaugrau oder blaugrün, aber doch nicht rot mit schwarz!« Da ist was Wahres dran. Gehorsam wähle ich Blaugrün, obwohl das absolut nicht meine Farbe ist. Ich habe kein einziges türkisfarbenes Kleidungsstück, aber das verschweige ich wohlweislich. Es wäre, als würde man zu einem Kunstmaler sagen: »Ihr Gemälde passt farblich nicht zu meiner Couchgarnitur.« Im Grunde genommen will ich nach Hause, aber es ist bereits zu spät. Kurz darauf sitze ich mit bloßem Oberkörper neben dem verblichenen Herzen. Die Schmerzen sind nicht schlimm, fast schon ein Genuss. Anschließend kommt eine Binde über die Stelle.

Paul macht sie am Abend ab und hält einen zusätzlichen Spiegel hin. Wir sind gespannt, als ginge es um die Enthüllung eines von uns errichteten Denkmals. Der Delfin ist schön geworden, nicht zu groß, nicht zu klein, nicht zu grob, sondern grazil und elegant. Nur das Meer gefällt mir nicht, denn es hat fast die gleiche Farbe wie der Delfin. Dadurch sieht es aus wie eine Verlängerung des Tiers, als würden die Wellen den Delfin am Schwanz nach unten ziehen. Er will zwar, kann sich aber nicht vom Wasser lösen. Er kommt mit seinem Sprung nicht gegen die Schwerkraft des Meeres an. Ich hatte geglaubt, mit der Tätowierung würde ich mich stark und überlegen fühlen, aber das Gegenteil ist der Fall. Ich wollte unbedingt etwas Unumkehrbares, aber mir war überhaupt nicht klar, worauf ich mich da eingelassen habe. Ich habe mir nicht gründlich überlegt, wie ich es genau wollte. Ich habe wieder einmal viel zu impulsiv gehandelt. Vielleicht ist es mir nicht in die Wiege gelegt, dass ich unwiderrufliche Taten vollbringe.

Wir gehen zum Hausarzt, um uns beraten zu lassen. Womöglich gibt es einen nachweisbaren Grund für das Ausbleiben einer Schwangerschaft. »Sie haben also einen Kinderwunsch?«, erkundigt sich der Arzt mitfühlend. Wir bejahen, obwohl wir selbst diesen Begriff noch nie benutzt haben. Wir müssen sagen, wie oft wir Geschlechtsverkehr haben. Er rät uns, dass wir meine fruchtbaren Tage systematisch mit Hilfe der Temperaturmethode ermitteln. Wir bekommen ein Diagramm mit, in das wir mit Kreuzchen eine Fruchtbarkeitskurve einzeichnen und somit genau sehen können, wann der Eisprung stattfindet. Das ist der Moment, um den sich alles dreht. In den Tagen unmittelbar davor, am Tag selbst und kurz danach sind die Aussichten auf Erfolg am größten. Diese Tage dürfen wir ab jetzt nicht mehr ungenutzt verstreichen lassen. Gezielt miteinander schlafen, lautet das Rezept. Außerdem gibt der Arzt uns eine Broschüre mit dem Titel »Wenn schwanger werden problematisch ist«, die wir zu Hause in Ruhe lesen sollen. Und wir müssen uns im Krankenhaus einer Reihe von Fruchtbarkeitsuntersuchungen unterziehen.

Ich stecke die Broschüre und die Überweisung ans Krankenhaus ganz tief in meine Tasche. Auf dem Nachhauseweg überkommt mich eine bleierne Müdigkeit, die mich tagelang nicht mehr loslässt. Es dauert fast eine Woche, bis ich mich aufraffe, die Broschüre aus der Tasche zu nehmen und wegen eines Termins im Krankenhaus anzurufen. Bisher wollten wir einfach nur ein Kind, aber seit dem Arztbesuch haben wir einen Kinderwunsch. Das klingt wie eine Krankheit, die womöglich unheilbar ist.

Das Fundament des Hauses, in dem wir wohnen, senkt sich Besorgnis erregend. Unterm Haus bilden sich Lecks. Noch ein paar Jahre, und es muss abgerissen werden. Seit wird das wissen, renovieren wir nichts mehr, der Verfall lässt sich ohnehin nicht aufhalten. Man sieht es an den Wänden, an denen sich langsam, aber sicher Setzrisse abzeichnen. Und man riecht es auch: Wenn wir nach Hause kommen, schlägt uns muffig-feuchte Luft entgegen. Neulich habe ich Schimmel unter unserer Matratze entdeckt.

Inzwischen regnet es um uns herum Schwangerschaften und Geburten. Jede Geburtsanzeige, von den Babybesuchen ganz zu schweigen, konfrontiert mich mit unserem eigenen Unvermögen. Am liebsten würde ich einen Aufkleber an der Tür anbringen mit dem Text:

BITTE KEINE GEBURTSANZEIGEN

Man erkennt sie sofort am kleinen Format und an der Briefmarke mit Storchmotiv, manchmal ist der Umschlag auch noch widerlich pastellfarben.

Solche Umschläge lasse ich oft bis abends ungeöffnet liegen. An Arbeitstagen kann ich es schon gar nicht haben, dass mir den ganzen Tag über Tränen in den Augen brennen. Widerwillig reiße ich den Umschlag schließlich auf und werfe einen flüchtigen Blick auf die niedliche Illustration oder das Babyfoto. Dann klappe ich die Karte auf und lese rasch die stets wenig originellen Texte. Links der archaische Hinweis, man möge anrufen, bevor man vorbeikommt. Als fiele es in unserem Land in der heutigen Zeit noch irgendwem ein, unangekündigt bei jemandem vorbeizugehen, schon gar, wenn derjenige gerade entbunden hat. Als könnten wir es alle kaum erwarten, an dem zarten Glück teilzuhaben. Rechts dann die triumphierende Anzeige: »Stolz geben wir die Geburt unseres Kindes bekannt.« Als wäre das ihr Verdienst! Angeber. Es ist nichts weiter als ein Schweineglück!

Ich zwinge mich, die Begeisterung aufzubringen, die

man seinen Freunden in solch einer Situation schuldet. Wenn ich es bei einer Glückwunschkarte bewenden lassen kann, tue ich das. Muss ich einen Besuch machen, schiebe ich ihn möglichst lange auf, bis die ersten rosa Wolken sich wieder verzogen haben.

Aber das Schlimmste sind nicht die Babys. Die Gegenwart eines schwangeren Bauches ist mir wesentlich unangenehmer als die eines Babys. Babys sind unschuldig, sie können schließlich auch nichts dafür, aber schwangere Bäuche sind provozierend und anstößig. Schwangere Bäuche konfrontieren mich mit einem Versprechen, das bei mir nicht eingelöst wurde. Ihre Völle spiegelt meine Leere, ihr Stolz mein Versagen. Bei Babybesuchen begegnet man immer schwangeren Frauen, Freundinnen aus der Schwangerschaftsgymnastik, die demnächst ebenfalls entbinden. Und wenn sie nicht schwanger sind, dann waren sie es oder kennen jemanden, der es gerade ist.

Am ärgerlichsten bei solchen Besuchen ist das einträchtige Geblöke über Schwangerschaft und Geburt. An diesen Gesprächen kann ich mich nicht beteiligen, denn meine Erfahrung auf diesem Gebiet stellt keinen erfreulichen Gesprächsstoff dar. Ich bin das Schaf, das in den Graben gerutscht und an der falschen Seite wieder rausgeklettert ist. Das Wasser erweist sich auf einmal als viel tiefer, als ich es je wahr haben wollte.

Aus einiger Entfernung schaue ich zu, wie sich der Rest der Herde fröhlich tummelt. Mit aller Macht versuche ich, mich unsichtbar zu machen. Aber da ist immer irgendeine interessierte Schwiegermutter oder Schwester, die mich mit einbeziehen will, indem sie fragt, ob ich denn auch Kinder hätte oder welche haben wolle. Ich habe schon jede Menge Varianten ausprobiert, aber die richtige gibt es nicht, solange es mich so schmerzt, dass ich eigentlich kaum darüber reden kann. Nein sagen und das Thema wechseln. Manchmal klappt es, aber ein andermal begnügen sie sich nicht damit und wollen alles haarklein wissen. Sagen, dass ich schon gern Kinder möchte, aber dass es bei uns nicht so einfach geht. Ich weiß genau, was für ein teilnahmsvoller Blick dann folgt. Ich hasse diesen Blick. Neulich habe ich es mal auf die humorvolle Tour versucht: »Nein, beim Kindermachen sind wir nicht so gut.« Ein Mann, der diese Bemerkung mitbekam, fragte, ob er vorbeikommen und es mir mal vormachen solle. Witze über Juden aus dem Mund von Nichtjuden klingen auch immer merkwürdig falsch.

Allmählich wird mir klar, dass mit unserem Fortpflanzungsvermögen etwas grundlegend nicht stimmt. Eine Erkenntnis, die mir den Boden unter den Füßen wegzieht. Ich bin es gewohnt, die Dinge mehr oder weniger unter Kontrolle zu haben. Wenn ich etwas sehr gern möchte, setze ich mich voll und ganz dafür ein, und im Allgemeinen klappt es dann auch.

Die Führerscheinprüfung gehört zu den Dingen, die mich sehr viel Mühe gekostet haben. Als ich gerade von zu Hause ausgezogen war, begann ich Fahrstunden zu nehmen. Damals hatte ich immer wieder einen Angsttraum: Ich saß allein auf dem Rücksitz eines fahrenden Autos und kam nicht ans Steuer heran, während der Wagen in voller Fahrt die Schnellstraße entlangraste. Die Führerscheinprüfung zu schaffen, hatte für mich mehr als nur praktische Bedeutung. Es war symbolisch für die Kontrolle, die ich über mein eigenes Leben haben wollte. Ich hatte unzählige Fahrstunden gehabt, aber bei der Prüfung fiel ich ein ums andere Mal durch. Das machte mich total wütend. Die größten Idioten saßen am Steuer. Wenn die das konnten, musste ich es doch auch können. Ich gab nicht auf, bis ich das rosa Papier in den Händen hielt.

Jetzt rege ich mich darüber auf, dass die größten Trottel problemlos Kinder kriegen, während wir wie ein Paar durchgedrehte Intellektuelle im Bett Messungen durchführen und Grafiken zeichnen. Aber diesmal bringt mich meine Wut kein Stück voran, mit Durchhaltevermögen erreiche ich gar nichts. Ich will etwas, das offenbar nicht klappt. Und es ist nicht einfach irgendwas: Es geht um Fortpflanzung, das Wesentlichste im Leben, das Leben selbst. Wie konnte ich mich nur wegen etwas so Trivialem wie Autofahren aufregen? Für eine erfolgreiche Schwangerschaft hätte ich meinen Führerschein sofort rückwirkend eingetauscht! Gern würde ich ein Opfer bringen, aber ich habe keinen Gott, an den ich mich wenden könnte. Wer an Gott glaubt, hat in schwierigen Zeiten einen Rückhalt, denn Er gibt Hoffnung und Vertrauen, zwei Dinge, die ich gerade jetzt gut gebrauchen könnte. Und wenn es dann trotzdem schief geht, verhilft Er einem zur nötigen Ergebenheit.

Mein Vater hat einen Gott. Mit den Jahren hat sich sein religiöser Horizont erweitert. Reinkarnation ist für ihn eine selbstverständliche Tatsache, er redet über ein früheres Leben wie über eine frühere Wohnung. Menschliches Leid trägt für ihn eine tiefere Bedeutung: Indem der Mensch leidet, kann er wachsen. Mein Vater steht auf vielerlei Weise mit dem Göttlichen in Verbindung. Seine jetzige Freundin ist ein Medium; sie empfängt Botschaften von oben und gibt sie weiter. Beide geben sie Heilmassagen, wobei sie anderen positive Energie übertragen. Als wir klein waren, ging mein Vater ganz normal in die Kirche. Meine Mutter ging nie mit; sie hatte von Haus aus eine starke Abneigung gegen alles, was auch nur nach Religion roch. Erst viel später besuchte sie an jüdischen Feiertagen manchmal eine liberale Synagoge, aber das hatte mehr mit Schicksalsverbundenheit als mit Glauben zu tun.

Mein Vater hat es sich lange Zeit nicht nehmen lassen, vor den Mahlzeiten zu beten: »Komm, Herr Jesu, sei unser Gast und segne, was du uns bescheret hast. Amen.«, murmelte er nahezu unverständlich. Meine Mutter aber, die mit ihrem Hausfrauendasein nicht gerade glücklich war, hatte gute Ohren und rief ärgerlich: »Bedank dich besser bei mir, ich hab das, verdammt noch mal, gekocht!«

Wir Kinder durften uns selbst entscheiden. Einmal mehr erwies sich der Einfluss meiner Mutter als dominant. Ab und zu ging ich mit meinem Vater in die Kirche, weil ich das Singen und die Geschichten mochte, und auch, um ihm eine Freude zu machen. Aber gebetet habe ich immer nur dann, wenn ich etwas verloren hatte oder etwas gern haben wollte.

Unser Entschluss, zusammen ein Kind zu haben, liegt schon wieder vier Jahre zurück. Freundinnen, die vor ein paar Jahren noch keinen Gedanken daran verschwendeten, werden jetzt alle schwanger. Ich missgönne es ihnen nicht, aber neidisch bin ich schon. Am meisten noch darauf, wie selbstverständlich sie schwanger werden. Sie selbst finden das so normal, dass sie auch noch darüber klagen: Sie leiden unter Übelkeit, sind müde oder machen sich Sorgen.

Neidisch bin auch auf ehrgeizige Frauen, die keine Kinder wollen und sich begeistert auf ihre Arbeit konzentrieren. Denen ist es egal, ob sie fruchtbar sind oder nicht. Die Welt ist voller beneidenswerter Frauen: schwangere Frauen und Karrierefrauen. Ich befinde mich im Niemandsland dazwischen. Schwanger werden, warum ist mir das so wichtig? Das Leben hat doch noch mehr zu bieten als Rotznasen und volle Windeln. Ich setze aufs falsche Pferd. Ich wollte, ich wüsste, dass es keinerlei Hoffnung mehr gibt; dann könnte ich dort weitermachen, wo ich stehen geblieben bin, bevor dieser blöde Kinderwunsch angefangen hat, uns das Leben zu verleiden.

Aber jetzt müssen wir es untersuchen lassen. Die Tests im Krankenhaus stehen an, also ist vorläufig kein Ende in Sicht. Wie lange wird das noch dauern? Hat Paul, der so schlecht über Probleme reden kann, überhaupt solch einen langen Atem? Oder sagt er mir demnächst, er werde mich verlassen, weil er - ja, tut mir Leid, echt schlimm für dich - sich in eine andere verliebt habe? In ein unkompliziertes, fröhliches Mädchen, das nach einer Geburtsanzeige oder einem Babybesuch nicht tagelang den Moralischen hat. Das ist eine dritte Kategorie Frauen, die bedrohlichste: fruchtbare Frauen, die noch zu haben sind, mögliche Ziele für Pauls Fortpflanzungsdrang. Ich beobachte ihn mit Argusaugen und bin mir selbst dabei immer mehr zuwider. So will ich nicht sein: so deprimiert, kleinlich, eifersüchtig, kraftlos und voller Selbstmitleid. Frustrierte Frau um die dreißig sucht Lebenslust. Aber wo? Wie?

Vielleicht sollte ich mich gegen alles abschotten, was mit Schwangerschaft und Geburt zu tun hat. Mich ganz auf meine Arbeit konzentrieren, die ich tatsächlich voll im Griff habe. Nur noch mit Leuten verkehren, die auf keinen Fall Kinder wollen. Vorzugsweise Männer. Mich in die kulturelle Szene stürzen. Babys und Kleinkinder meiden und nach Geburten keine Besuche mehr machen. Das ist ein Tipp von Paul, der nach dem Credo lebt: Mach nie etwas, wozu du keine Lust hast. Aber das könnte mich meine Beziehung zu Freundinnen und Familienangehörigen kosten. Ein ziemlich hoher Preis, finde ich.

Praktisch ist es nicht machbar, der Hälfte der Bevölkerung aus dem Weg zu gehen. Man begegnet ihnen wirklich überall. Mit ihren schwangeren Bäuchen versperren sie einem im Supermarkt den Weg. Mit ihren Kinderwagen beanspruchen sie den ganzen Bürgersteig, oder sie radeln einem singend mit einem niedlichen Knirps im Kindersitz entgegen. Auf Feiern sieht man sie auch immer öfter: die Frauen, die lieber Mineralwasser trinken oder locker-lässig ihr Baby mitbringen, das zwischendurch gestillt werden muss. Dann muss man gerührt zugucken, wie es an der prallen Milchtitte saugt.

Nicht einmal bei der Arbeit ist man sicher: Kolleginnen fangen ungeniert zu girren an, wenn sie das Wort Baby in den Mund nehmen, oder sie kommen vorbei, um ihren Zuwachs vorzuführen. Zum Glück steht im Büro ein Computer, hinter dem man sich verschanzen kann. Aber den eigenen Freundinnen und Verwandten entgeht man nicht. Die kann man schlecht abschaffen, weil sie schwanger sind und man selbst nicht.

Daher sage ich nicht nein, als sich eine strahlende Joyce, die bis vor kurzem noch zu meinem Lager gehörte, mit mir verabreden will. Auch sie wurde lange nicht schwanger. Gemeinsam lästerten wir über all die öden Freunde, mit denen nichts Rechtes mehr anzufangen war, seit sie eine Familie gegründet hatten. Jetzt trennen sich auch unsere Wege. Die Schwangerschaftshormone scheinen bei ihr jegliche Erinnerung an schwierigere Zeiten ausgelöscht zu haben. Sie habe bereits das Herzchen pochen hören, das sei ein ganz besonderer Moment für sie gewesen, erzählt sie begeistert.

»Ja, das kann ich mir vorstellen.« Ich bemühe mich um einen aufrichtigen Tonfall. Meine Stimme klingt rau, ich klammere mich am Barhocker fest, die Unterhaltung stockt. Das geht nicht gut. Ich darf mich nicht in mich selbst zurückziehen, nicht der Stille in meinen eigenen Bauch lauschen. Ich muss etwas dazu sagen. Dann wird es vielleicht doch noch irgendwie gut.

»Ich beneide dich«, fange ich an, aber sofort tut mir mein Bekenntnis Leid. Denn jetzt muss ich weiterreden, aber ich finde noch nicht den richtigen Ton, um die neue Distanz zwischen ihr und mir zu überbrücken. Es kommt viel ernster heraus, als ich es wollte. Ich bringe sie in Verlegenheit. Ich verderbe die Stimmung.

An diesem Abend weine ich mich in den Schlaf. Ich liege mit Paul und Joyce in einem Doppelbett: Joyce in der Mitte, Paul geil an sie gepresst und halb über ihr. Ich komme fast um vor Eifersucht und verlasse das Zimmer, um aufs Klo zu gehen. Draußen höre ich sie kichern und fühle mich ausgeschlossen. Als ich wiederkomme, steht Paul auf, um aufs Klo zu gehen. Ich sehe seine Erektion.

Ich entschließe mich, mit offenen Karten zu spielen und sage Joyce, dass *ich* jetzt gern in der Mitte liegen wolle. Sie meint, sie finde es gut, dass ich das so offen sage, aber ich höre an ihrer Stimme, dass sie nur an Paul interessiert ist. In diesem Moment kommt Paul wieder ins Zimmer und macht eine höhnische Bemerkung über meine Offenheit. Ich fühle mich zutiefst gekränkt, und mir wird klar, dass er mich forthaben will, damit er bei Joyce zum Zuge kommt. Ich sage zu ihm, ich sei durchaus bereit zu gehen, aber dann für immer, darüber müsse er sich im Klaren sein. Das gehe in Ordnung, sagt er.

»Das meinst du doch nicht ernst!«, rufe ich fassungslos.

»Oh doch, das meine ich sehr wohl ernst«, sagt er eiskalt. Ich verlasse fluchtartig das Bett und stürze davon. Er macht die Schlafzimmertür hinter mir zu.

Nackt stehe ich im Flur. Weinend - immer noch oder schon wieder? - wache ich wach. Paul zieht mich an sich, streichelt mir beruhigend den Rücken und sagt tröstend: »Ganz ruhig, mein Mädchen, mein Liebes, es wird alles gut.«

III HEIRAT UND HAUS *oder wie ich mich in einer Provinzstadt lebendig begrabe*

Paul muss in ein Gefäß onanieren. Er darf es zu Hause machen, muss den Samen dann aber möglichst schnell ins Krankenhaus bringen und währenddessen körperwarm halten. Er drückt das Plastikgefäß wie ein zu früh geborenes Kätzchen an die Brust. Er geniert sich, als er es abgibt. In dem durchscheinenden Gefäß sieht es nach so wenig aus; womöglich liefern andere Männer viel mehr ab. Aber es wird routiniert in Empfang genommen, und zu seiner Erleichterung hält niemand es hämisch lachend ans Licht. Das Ergebnis liegt bald vor: Die Probe enthält mehr als genug Spermatozoen, und an ihrer Qualität und Beweglichkeit gibt es wenig auszusetzen. Erleichtert atmet Paul auf. Ich dagegen spüre meine Anspannung. Bei Frauen ist es lange nicht so einfach: Es gibt viele mögliche Ursachen, die eine natürliche Schwangerschaft verhindern, und sie lassen sich bei Weitem nicht immer nachweisen.

Als Erstes kommt die innere Untersuchung. Davor graut mir nicht, das hatte ich schon so oft. Meine Gebärmutter sehe gut aus und fühle sich normal an, versichert mir der Gynäkologe. Eine nette Zugabe. Was, wenn er nun gesagt hätte: »Hören Sie mal, Ihre Gebärmutter sieht aber gar nicht gut aus!« So etwas will man doch lieber nicht hören. Die Eitelkeit sitzt tief.

Als Nächstes kommt der Postkoitaltest. Dazu müssen wir zu einer bestimmten, vom Arzt festgelegten Zeit miteinander ins Bett. Am Tag darauf wird untersucht, ob der Samen in der Gebärmutterschleimhaut überlebt. Denn bei manchen Frauen wird offenbar der Samen des Partners gleich beim Eindringen eliminiert. Ich hoffe, das ist bei mir nicht der Fall. Vor lauter Angst, ich könnte das Beweismaterial vernichten, traue ich mich nicht, mich am Morgen zu waschen. Als ich für den Arzt die Beine spreize, nehme ich unseren intimen Geruch wahr, den der Gynäkologe direkt vor der Nase hat. Ob er ihn aufregend oder eher abstoßend findet? Oder wird man als Gynäkologe gegen Körpergerüche immun? Er verzieht keine Miene. Gott sei Dank ergibt der Test, dass die Chemie zwischen uns stimmt.

Danach kommt die vorerst letzte und unangenehmste Untersuchung: In meine Gebärmutter und die Eileiter wird eine Kontrastflüssigkeit gespritzt, die auf dem Bildschirm sichtbar macht, ob die Eileiter gut durchgängig sind. Man sagt mir, dieser Test könne wegen des Drucks der Flüssigkeit auf die Eileiter schmerzhaft sein. Das war mit keinem Wort übertrieben. Es fühlt sich an, als würde ich innerlich wie ein Ballon aufgeblasen. Immer weiter werde ich gedehnt, bis ich sage, dass es mich fast zerreißt. Zum Glück klingt der Druckschmerz ab, sobald sie die Flüssigkeitszufuhr einstellen. Während der ganzen Untersuchung habe ich zum Bildschirm hingeschaut, aber mir wird nicht klar, was die Bilder zu bedeuten haben. Hinterher ist mir schwindelig und übel.

Nur gut, dass Paul dabei ist, als sie mir das Ergebnis

mitteilen: Mein linker Eileiter ist gut durchgängig, der rechte nicht. Dadurch halbiert sich die Chance auf eine Schwangerschaft. Es ist daher nicht verwunderlich, dass es bei mir lange dauert. Zugleich hat die frühere Schwangerschaft, die inzwischen drei Jahre zurückliegt, trotz des unglücklichen Ausgangs bewiesen, dass ich nicht unfruchtbar bin. Kein Grund zur Verzweiflung also. Ich muss eben noch eine Weile Geduld haben. Vielleicht gar nicht mehr so lange, denn der Arzt meint, es komme immer wieder vor, dass Frauen innerhalb von drei Monaten nach solch einer großen Inspektion schwanger werden.

Wir machen all das, was andere um die dreißig auch machen. Es ist auf beängstigende Weise vorhersagbar und zugleich alles neu und aufregend für uns. Wir heiraten und kaufen ein Haus. Früher fand ich, das sei nur was für bürgerliche Spießertussen. Jetzt bin ich nicht mehr der Meinung, dass Spießertum und Engstirnigkeit mit dem Familienstand und der Wohnumgebung zusammenhängen. Diese Eigenschaften kommen in allen Bevölkerungsgruppen vor, mit Sicherheit auch in alternativen Kreisen. Früher hielt ich die Ehe für eine Institution zur Unterdrückung, eine Erfindung zur Einschränkung der persönlichen Freiheit. Im Prinzip denke ich noch immer so, aber zusammenleben ist im Grunde genommen dasselbe, und das machen wir ja schon seit Jahren. Und wohnen ist wohnen, ob man nun Miete zahlt oder Kreditraten.

Durch meine Beziehung mit Paul schätze ich Freiheit

und Unabhängigkeit anders ein. Absolute Freiheit ist wertlos, denn sie steht synonym für Gleichgültigkeit. Paul gefällt mir noch immer am besten von allen, und meine Zeit verbringe ich am liebsten mit ihm. Wir sind seit langem miteinander verbunden, warum also nicht auch durch die Ehe? Heiraten ist eine öffentliche Liebesbezeugung an denjenigen, mit dem man gern zusammen sein möchte. Und es ist auch Anlass zu einem großen Fest. Wir haben seit geraumer Zeit kein Fest mehr gegeben. Jetzt sind wir zehn Jahre zusammen, und das wollen wir richtig groß feiern. Gerade weil niemand es von uns erwartet, finden wir, dass Heiraten eine gute Art ist, das zu tun. Und manche werden davon schwanger.

Der Hochzeitstag ist noch nicht in Sicht, aber der Test ist unverkennbar positiv. Ich renne damit zu Paul, damit er es mit eigenen Augen sehen kann. Eine blaue Linie bedeutet »nicht schwanger«, zwei blaue Linien bedeuten »schwanger«, erkläre ich ihm. Er traut meiner Erklärung nicht und liest die Gebrauchsanweisung selbst, dann muss er zugeben, dass ich diesem Test zufolge tatsächlich schwanger bin. Aber er gibt sich nüchtern: erst abwarten, wie es sich entwickelt.

Ich dagegen bin begeistert. Die wichtigste Hürde ist genommen: Die Schwangerschaft steht fest. So lange haben wir es versucht, und jetzt hat es geklappt. Wie es weitergeht, steht zwar noch dahin, aber ich will mir die Stimmung nicht von der Angst verderben lassen, es könnte schief gehen. Unbeschwert schwanger sein, das ist bei mir nicht mehr drin, aber darüber freuen darf ich mich doch wohl. Babysachen kaufe ich nicht mehr, ich überlege mir auch keine Namen, stelle mir nicht mehr vor, wie das Kind aussehen wird und was für ein Gefühl es sein wird, es in den Armen zu halten. Ein Kind erwarten ohne jegliche Erwartung. Das klingt wie ein unmöglicher Gegensatz.

Das Haus, das wir kaufen wollen, steht in Haarlem. In Amsterdam ist ein Haus mit Garten unbezahlbar. Außerdem scheint uns Haarlem mit Blick auf die Zukunft für Kinder geeigneter, mit den Dünen und dem Meer in der Nähe. Es ist ein stilvolles Haus mit Garten und großem Balkon mit Flügeltüren, Ende neunzehntes Jahrhundert, Bleiglasfenster, viel altes Holz und Stuckdecken. Die Atmosphäre ähnelt der in unserem Mietshaus in Amsterdam, aber hier ist alles größer und geräumiger und schöner. Es riecht nach Holz und Glück.

Unser Hauptbedenken ist, dass das Haus zu groß sein könnte. Aber alle sagen, zu viel Platz sei nie ein Problem. Als wir durch die Räume gehen, versuchen wir, sie so aufzuteilen, wie wir es gern hätten. Ich höre mich sagen: »Das ist ein schönes Kinderzimmer.« Schnell verbessere ich mich: »Oder Arbeitszimmer.« Paul lacht und lässt die Hand sanft über meinen Bauch gleiten.

Anna kommt mit ihrer Tochter zum Essen. Meist bringt sie eine gute Flasche Wein mit, aber diesmal hat sie ein Pflänzchen dabei. Als ich es gerade wegstellen will, sagt Anna: »Es heißt ›Henne mit Küken‹.« Der Name erschreckt mich, und ich betrachte die Pflanze nochmals genau: Sie ist klein und zart. Normalerweise würde sie unter meinem lieblosen Regime binnen einer oder zwei Wochen hinüber sein. Jetzt aber werde ich ihr einen Ehrenplatz in unserem Haus geben und sie gut pflegen. Bestimmt ist es eine Herausforderung an meine Fähigkeiten: Wenn das Pflänzchen am Leben bleibt, wird auch das Kind in meinem Bauch leben.

Angesichts meiner »Vorgeschichte« darf ich bereits nach sechs Wochen zum Ultraschall; offenbar kann man da schon Herztätigkeit in der Gebärmutter feststellen. Nervös gehe ich ins Krankenhaus, das mir durch die ganzen Tests allmählich zum zweiten Zuhause wird. Ich bin in der Gynäkologie registriert und darf gleich weiter in den Ultraschallraum. Während ich mit gespreizten Beinen auf dem gewohnten Untersuchungsstuhl liege, frage ich mich, wie sich jemand nennt, der von Berufs wegen Ultraschallaufnahmen macht. Bestimmt nicht Ultraschallist. Aber wie dann? Ich traue mich nicht zu fragen. Das Letzte, was ich will, ist die betreffende Ultraschallistin aus dem Konzept bringen. Sie sucht eifrig nach einem Embryo in meiner Gebärmutter. Es dauert allerdings sehr lange. Ob sie unerfahren ist? Dass man sich in einer Gebärmutter verirren kann, scheint mir unmöglich. »Ultraschallist«, auf der Visitenkarte würde sich das doch ein wenig seltsam ausnehmen. Oder wenn man sich jemanden vorstellen muss: Angenehm, ich bin der Ultraschallist vom Marienkrankenhaus. Sie sagt noch immer nichts. Ob da etwas nicht stimmt?

»Sind Sie ganz sicher, dass Sie schwanger sind?«, fragt sie endlich.

»Der Test war positiv«, sage ich. »Diese Tests sind doch verlässlich, oder?«

Sie nickt und bewegt den Apparat nochmals von links nach rechts und wieder zurück. Das Ding hat große Ähnlichkeit mit einem Vibrator, weckt aber ganz und gar keine Lustgefühle.

»Sehen Sie, der Gebärmutterschleim ist dicker als normal«, sagt die Ultraschallistin. »Das deutet auf eine Schwangerschaft hin. Aber ich finde den Embryo nicht. Vielleicht ist die Schwangerschaft später entstanden, als Sie glauben, und er ist deshalb einfach noch nicht sichtbar.« Das kann ich mir kaum vorstellen, denn wir überlassen schon seit geraumer Zeit nichts mehr dem Zufall.

Sie gibt mir eine Mappe mit Notizen für den Gynäkologen mit, bei dem ich anschließend einen Termin habe. Im Wartezimmer lese ich ihre Aufzeichnungen; schließlich ist es meine Akte. Trotzdem habe ich das Gefühl zu spionieren. Mein Blick bleibt an den Worten »extrauterine Gravidität« mit einem Fragezeichen dahinter hängen. Ich hatte in der Schule Latein. Mein Herz setzt einen Schlag aus: Sie vermutet, dass bei mir eine Schwangerschaft außerhalb der Gebärmutter vorliegt.

Der Arzt betrachtet die Aufnahmen und untersucht mich nochmals innerlich. Wieder fühlt sich alles normal an und sieht gut aus. Sonst sagt er nichts, und ich stelle auch keine Fragen. Teils, weil ich mir nicht anmerken lassen will, dass ich in den Unterlagen geschnüffelt habe, teils aus Nervosität. Er schickt mich weiter ins Labor, wo mir Blut abgenommen werden soll.

Als ich am nächsten Tage wegen des Ergebnisses anrufe, gibt der Arzt einen hastigen Monolog von sich. Es lasse sich noch nicht mit Sicherheit sagen, aber es scheine eine Schwangerschaft vorzuliegen, die sich nicht gut entwickle. Eventuell sei die Frucht in meinem rechten Eileiter stecken geblieben, der ja schließlich schlecht durchgängig sei. Das Problem bestehe darin, dass eine Eileiterschwangerschaft mit Ultraschall selten gut zu erkennen sei. Sie wollten aber auch nicht aufs Geratewohl operieren, denn es sei gut möglich, dass der Körper die Frucht von selbst austreibe oder abbaue. Am besten sei es daher, noch eine Woche abzuwarten und zu hoffen, dass dies eintreffe, und damit kein operativer Eingriff erforderlich werde. Falls ich aber heftige Bauchschmerzen oder Blutungen bekäme, solle ich mich sofort melden.

Nachdem der Arzt mir noch einen schönen Tag gewünscht hat, legt er wieder auf. Was hat er nun eigentlich alles gesagt? Habe ich wirklich eine Eileiterschwangerschaft? Ich beschließe, nur die Worte »mit Sicherheit lässt es sich noch nicht sagen« ernst zu nehmen und mache weiter meine Arbeit, als wäre nichts. Verdammt noch mal, ich lass mich doch nicht unterkriegen!

Erst abends, als ich Paul zu Hause erzähle, was der Arzt gesagt hat, dämmert mir allmählich, dass wir auch diese Schwangerschaft vergessen können und dass ich mit ein bisschen Pech auch noch unters Messer muss. Fast könnte man glauben, dass ich in meinem früheren Leben eine Kindsmörderin war.

Es ist ein Déjà-vu-Erlebnis: Eine Woche müssen wir warten, obwohl wir schon jetzt wissen, dass garantiert etwas nicht in Ordnung ist. Warten ist etwas Fürchterliches, vor allem, wenn man weiß, dass sich unter keinen Umständen etwas Positives ergeben kann. Aber diesmal verspüre ich nicht die Neigung, auf eine Krankenhausaufnahme zu drängen, denn ich hoffe, dass keine Operation nötig wird.

Gott sei Dank habe ich im Büro sehr viel zu tun, und es gelingt mir hin und wieder, an etwas anderes zu denken. Nach ein paar Tagen bekomme ich Bauchschmerzen. Im Wartezimmer des Krankenhauses treffe ich die hochschwangere Maria. Zu Anfang unserer Beziehung war Paul mit ihr ins Bett gegangen; damals hatten wir noch keine Verhaltensregeln für den intimen Umgang mit Dritten entwickelt. Bevor ich Paul kennen lernte, hatte ich viele Freunde gehabt, und monogam war ich nie. Ich wollte aus dem Leben rausholen, was drin war. Paul dagegen war seriell monogam. Also kam er schuldbewusst an, machte einen pathetischen Kniefall vor mir und gestand: »Ich bin fremd gegangen.«

Diesen Ausdruck hatte ich noch nie im Zusammenhang mit mir selbst gebraucht oder gehört. Meiner Ansicht nach passte er eher für lang verheirate Ehepaare, und fast hätte ich losgelacht, aber zugleich durchzuckte mich die Eifersucht wie ein Messerstich. Seit Jahren war ich nicht mehr so verliebt gewesen, und ich meinte zu wissen, dass es gegenseitig war. Paul hatte offiziell gefragt, ob ich seine feste Freundin sein wolle, auch so ein seltsam altertümlicher Begriff. Erst dachte ich, er meinte es ironisch, doch als sich herausstellte, dass es ihm ernst war, rührte es mich. Wegen mir hatte er seine vorige Beziehung beendet. Jetzt tat mir meine bedingungslose Hingabe im Nachhinein Leid. Vielleicht war für ihn der Reiz weg, nun, da die Eroberung gelungen war. Den Kick des Eroberns kenne ich nur zu gut, bloß hatte ich geglaubt, bei uns ginge es viel tiefer. Vielleicht hatte ich mich geirrt, vielleicht wurde ich schon jetzt ausgetauscht.

»Bist du in sie verliebt?«, fragte ich beklommen. Nein, verliebt sei er nicht in sie, sondern in mich. Das war eine Erleichterung. Andererseits fühlte ich mich in meiner Ehre gekränkt, denn ich hatte geglaubt, in Liebesdingen spielte *ich* den leichtfertig schamlosen Part. Diese Umkehrung der Dinge passte mir überhaupt nicht, aber ich wollte mir nichts anmerken lassen und sagte sachlich: »Ich finde es in Ordnung, wenn du mit anderen schläfst, aber wundere dich nicht, wenn ich's auch tue.« Bei diesem Gedanken graute ihm sichtlich, und er rief ehrlich bestürzt: »Nein, bitte nicht!« Die Verzweiflung in seiner Stimme amüsierte mich. Offenbar standen wir einander in nichts nach.

Einen Monat später passierte etwas, das meine Eifersucht mit aller Heftigkeit wieder aufflammen ließ: Maria glaubte, sie wäre von Paul schwanger. Falls es sich bestätigte, wollte sie das Kind behalten, denn sie wünschte sich eines, am liebsten mit, aber notfalls auch ohne Partner. Paul war verunsichert. Er war vier Jahre älter als ich und wollte durchaus Kinder, wenn auch nicht auf der Stelle. Ich war zweiundzwanzig und noch lange nicht reif dafür. Doch wenn Maria ein Kind von Paul bekäme, würde ich ihn garantiert verlieren, denn das würde ein Band zwischen ihnen schaffen und mich zur Außenstehenden machen. Allein der Gedanke verursachte mir Bauchschmerzen. Zu Marias Enttäuschung und meiner Erleichterung war sie letztlich doch nicht schwanger. Danach gelobten Paul und ich einander Treue, um Eifersucht und anderem Ärger vorzubeugen.

Jetzt ist es zehn Jahre später, und Maria hat endlich den heiß begehrten Status erreicht: Sie erwartet Zwillinge. Bei den Untersuchungen hat sich aber herausgestellt, dass etwas nicht in Ordnung ist. Womöglich werden die Kinder im Wachstum oder in ihrer Entwicklung zurückbleiben. Es kann aber auch sein, dass ihnen nichts fehlt. Die Unsicherheit macht ihr zu schaffen. Der Mann, von dem sie schwanger ist, hat sich verdrückt. Umständehalber und wegen der vielen Sorgen und Schwangerschaftsbeschwerden kann sie nicht arbeiten. Sie wohnt in einer kleinen Dachwohnung in Amsterdam und lebt von Sozialhilfe. Meine anfängliche Missgunst beim Anblick ihres Bauches verfliegt wieder.

Ich schildere ihr meine Situation: erst eine Fehlgeburt mit Zwillingen und jetzt eine Eileiterschwangerschaft. Aber immer noch mit Paul zusammen, gute Arbeitsstelle, schönes Haus. Binnen weniger Minuten ist alles gesagt, wie unter alten Freundinnen, bei denen kaum Worte nötig sind. Als ich aufgerufen werde, umarmen wir einander und wünschen uns viel Kraft. Eine seltsame Schicksalsgemeinschaft: Wir haben nicht nur denselben Mann geteilt, wir machen uns auch beide Sorgen über das, was in unserem Körper vor sich geht.

Natürlich sind auch Männer um ihre Fortpflanzungsfähigkeit besorgt, aber deren Sorgen spielen sich stärker auf körperlicher Ebene ab. Ihr Anteil besteht im Samenerguss, und damit sind sie denn auch buchstäblich fertig. Ihre Stimmungen werden nicht von Hormonen im Dienste der Reproduktion bestimmt. Sie haben keine Menstruationsschmerzen, keine Schwangerschaftsbeschwerden, keine Geburtswehen. All diese Zeit und Energie können sie für Dinge außerhalb ihrer selbst aufwenden. Nur wenn sie krank sind, ist ihnen ihr Körper im Wege.

Frauen sind nicht weniger krankheitsanfällig als Männer. Allerdings haben sie etwa fünf Tage pro Monat, also sechzig Tage im Jahr, ihre Periode. Und das über mindestens dreißig Jahre, das macht tausendachthundert Tage oder insgesamt fünf Jahre! Angenommen, man bekommt zwei oder drei Kinder, dann kann man ohne weiteres noch zwei Jahre Schwangerschaftsprobleme dazuzählen. Frauen werden also schnell sieben Jahre ihres Lebens vom eigenen Körper abgelenkt. Und das bezieht sich auf die Idealsituation, in der alles reibungslos läuft. »Man wird so reich dafür entschädigt«, sagen diejenigen, die es wissen müssen.

Der Gynäkologe meint, meine Bauchschmerzen rührten wahrscheinlich von der Produktion von Schwangerschaftshormonen her, denn die Schmerzen sitzen links und die Schwangerschaft, so sagt er, bestehe rechts. Daher hält er es nicht für Besorgnis erregend.

Als ich ein paar Tage später mit dem Rad zum Bahnhof unterwegs bin, spüre ich stechende Schmerzen links im Unterleib und krümme mich zusammen. Mehr schlecht als recht fahre ich wieder nach Hause, um im Krankenhaus anzurufen. Ich solle sofort kommen, sagen sie und hängen auf. Ich rufe ein Taxi, aber das kann erst in einer halben Stunde da sein. Mit dem Rad bin ich normalerweise in fünf Minuten beim Krankenhaus. Wie lange ich diesmal brauche, weiß ich nicht. Auf dem Sattel sitzen kann ich nicht, also fahre ich vornübergebeugt. Beim Krankenhaus angekommen, mache ich offenbar einen ziemlich erschöpften Eindruck, denn binnen kürzester Zeit liege ich in einem Bett. Vielleicht kommt es mir auch nur so vor, ich habe keinerlei Zeitgefühl mehr, vor Schmerzen bin ich halb betäubt. Zwischendurch weiß ich kurz wieder, wo ich bin. Man fragt mich, ob ich jemanden benachrichtigen wolle. Mir fällt ein, dass es ja Paul an seiner Arbeitsstelle in Den Haag gibt. Jemand wählt die Nummer für mich, und er kapiert Gott sei Dank, dass er sofort kommen soll, auch wenn es noch gut eineinhalb Stunden dauert, bis er da ist.

Ich bekomme ein Schmerzmittel verabreicht, das aber noch keine Linderung bringt. Es kostet mich meine gesamte Kraft, diese Schmerzen auszuhalten. Ich weiß nicht, wie ich mich am besten legen soll, alle Haltungen sind gleich unmöglich. Wie lange dauert das noch, warum tut keiner was?

Dann ist auf einmal Paul da. Er setzt sich ans Bett und hält meine Hand, jetzt bin ich nicht mehr allein. Ein neuerlicher Anfall lässt alles um mich herum verschwimmen. Ich sehe einen Arzt, höre »Notfall«, und im nächsten Moment werde ich auch schon in den Operationssaal geschoben. Jemand anderes, der eigentlich an der Reihe war, wird vom Operationstisch geholt: Ich habe Vorrang. Zum Tod Verurteilte werden manchmal kurz vor der Hinrichtung wieder in ihre Zelle geführt. Tausend Tode sterben. An die Kugel denken. Ob bei mir die Bombe schon geplatzt ist? Bei einer Eileiterschwangerschaft kann der Eileiter zerreißen, man kann daran verbluten.

Als ich zu mir komme, liege ich in einem Raum mit lauter anderen Leuten, die gerade eine Operation hinter sich haben. Das muss der Aufwachraum sein, auch wenn man sich bei diesem Wort etwas Behaglicheres vorstellt. Hier wird gestöhnt, geächzt und geheult. Zwei Schwestern unterhalten sich laut über eine Patientin, die ihnen auf die Nerven geht. Am liebsten wäre mir, sie hielten alle den Mund, denn meine Sinne sind offenbar überempfindlich geworden. Die Laute drängen sich gewaltsam auf, alles ist mir zu viel, das Licht, die Geräusche, der Anblick der anderen Patienten.

Und was haben sie mit meinem Bauch gemacht? Er ist total aufgebläht. Ich versuche eine der Schwestern zu rufen, weil ich ein Schmerzmittel haben will, aber der Hals tut mir weh und ist wund, ich bringe keinen Laut hervor. Dieses Phänomen kenne ich nur aus Albträumen: Man will um Hilfe rufen, und keiner hört einen. Warum kommt niemand und sieht nach mir? Wo ist Paul?

Paul kommt, als ich längst wieder im Krankenzimmer liege. Die Schwestern hatten ihm gesagt, er solle zwischendurch nach Hause fahren, weil ich im Aufwachraum zu mir kommen müsse. Ich verstehe das nicht, dass sie den Liebsten nach Hause schicken, wo er einem doch die Hand halten müsste. Und dieser Waschlappen lässt sich einfach fortschicken! Inzwischen habe ich eine Spritze gegen die Schmerzen bekommen. Der Arzt sagt, es sei eine eileitererhaltende Operation gewesen, sie hätten die Frucht laparoskopisch aus meinem Eileiter entfernt. »Wir haben die Frucht durch einen Einschnitt auf die Welt geholt.« Als würde er die Geburt unseres Kindes als freudiges Ereignis bekannt geben. Habe ich was verpasst? Ich habe doch wohl nicht monatelang im Koma gelegen und inzwischen ein gesundes Kind zur Welt gebracht?

Ich bitte den Arzt, mir das Ganze noch einmal zu erklären. Dann wird mir klar, dass sie meinen Eileiter nicht entfernt haben und nur ein paar kleine Schnitte machen mussten. In ein paar Tagen wird mein Bauch, den sie wegen der Sicht und des Bewegungsspielraums mit Gas aufgeblasen haben, wieder flach sein. Und von den Narben wird mit der Zeit kaum mehr etwas zu sehen sein.

Über eines allerdings haben sie sich gewundert: Die Schwangerschaft hatte nicht, wie erwartet, im rechten Eileiter bestanden, sondern im linken. Mich überrascht das nicht allzu sehr, denn die Schmerzen hatte ich immer links gespürt. Dennoch erschrecke ich furchtbar: Der linke war mein intakter Eileiter. Als ich nach den Konsequenzen frage, macht der Arzt eine ernste Miene. Nach der guten Nachricht kommt nun die schlechte: »Ihre Chancen auf eine normale Schwangerschaft haben beträchtlich abgenommen. Bereits der rechte Eileiter war nicht gut durchgängig. Das Narbengewebe, das sich aufgrund dieser Operation bilden wird, vermindert nun auch die Durchgängigkeit des linken Eileiters. Wenn Sie erneut schwanger werden, besteht erhöhte Gefahr, dass es wieder eine Eileiterschwangerschaft ist.«

Wieder zu Hause, fällt mein Blick auf unsere ›Henne mit Küken‹. Das trügerische Pflänzchen steht gesund und munter da, als wäre nichts geschehen. Am liebsten würde ich laut losheulen, aber das geht nicht, denn bei jeder Bewegung tut mir der Bauch weh. Ich kann nur stille Tränen vergießen, aber das verschafft keine Erleichterung.

Joyce kommt zu Besuch und setzt sich auf einen Stuhl neben meinem Bett. Weil ich mich noch nicht aufrichten kann, gucke ich direkt auf ihren hochschwangeren Bauch, den sie zu diesem Anlass wirklich besser zu Hause gelassen hätte. Es kommt mir wie eine komische Szene aus einem geschmacklosen B-Movie vor. Aber lachen kann ich erst recht nicht.

Unser neues Haus muss umgebaut werden. In einem Monat heiraten wir und weihen es mit einem Hochzeitsdiner ein. Ich versuche mich zu erinnern, warum wir das eigentlich alles machen, heiraten und nach Haarlem in dieses viel zu große, betont leere Haus ziehen. Alles, was ich will, ist mich tief unter der Decke verkriechen und schlafen. Die Leere in meinem Bauch scheint von meinem ganzen Wesen Besitz ergriffen zu haben: Ich empfinde überhaupt nichts, denke nichts, will nichts.

Nur morgens beim Aufwachen, wenn der Tag noch keine Schutzschicht auf meiner Seele hat entstehen lassen, fühle ich mich nackt und durchlässig, und selbst das Atmen tut mir weh. Ich rede mir gut zu: Los komm, wasch dich, zieh dich an, mach dich an die Arbeit. Eigentlich darf ich noch nicht schwer heben und soll mich schonen, aber wenn ich meine Apathie erst einmal überwunden habe, bin ich nicht mehr zu halten. Tapeten und Bodenbelag abziehen, Farbe abbeizen, Nägel entfernen, Schmirgeln, Streichen, Freunde zum Helfen auftreiben und mit Essen und Trinken versorgen, Termin mit dem Klempner vereinbaren, Aufräumen, Kartons packen und das Umzugsunternehmen bestellen. All das geschieht abends und an den Wochenenden, denn tagsüber muss ganz normal gearbeitet werden.

Parallel dazu sind auch Hochzeitsvorbereitungen zu treffen. Gespräche mit Isabel und Natascha, unseren engagierten Zeremonienmeisterinnen, Partyservice und Band organisieren, Einladungen verschicken. Stechende Bauchschmerzen erinnern mich immer wieder an die Operation, aber davon will ich nichts wissen. Mein Körper ist wie ein unzuverlässiges Instrument; er bricht immer nur ab, ich dagegen will aufbauen. Ich schaffe eine Menge, erledige aber alles vollkommen mechanisch und geistesabwesend. Manchmal überkommt mich ein unbändiger Weinkrampf. »Ich bin sooo müde«, beklage ich mich dann bei Paul, »ich kann einfach nicht mehr.« Aber auch er ist in Gedanken beim Umbau. Vor der Hochzeit ist noch so viel zu tun, also machen wir da weiter, wo wir stehen geblieben sind.

Natascha und ihr Freund haben ebenfalls ein Haus in Haarlem gekauft. Wir sind gerade beim Streichen, als sie nach dem Unterzeichnen des Kaufvertrags vorbeikommen. Natascha nimmt mich beiseite. Sie müsse mir was erzählen, flüstert sie verschwörerisch. Total nervös vertraut sie mir an, sie habe sich unsterblich in einen anderen verliebt. Sie wirkt wie ein schnaubendes Pferd, das im Begriff ist, auszubrechen und davonzugaloppieren. Sie wolle überhaupt nicht in Haarlem wohnen, sie wolle diesen Mann nicht heiraten. Die Vorstellung, mit ihm in diesem Haus eine Familie zu gründen, mache ihr eine Heidenangst. Sie wolle sich nicht lebendig begraben, sondern fort, ihre Arbeit aufgeben, die Beziehung abbrechen, mit ihrer neuen Flamme auswandern.

»Aber warum hast du dann gerade eben das Haus gekauft?«, entgegne ich.

»Ja, das frage mich auch. In dem Moment, als ich unterschrieben habe, war mir klar, dass ich es nicht hätte tun sollen. Ich hatte das Gefühl, einen Riesenfehler zu machen. Ich muss es ihm sagen und alles rückgängig machen, so kann's doch nicht weitergehen.«

Ein paar Tage später erzählt sie mir, sie habe mit ihm Schluss gemacht. Das Haus würden sie wieder verkaufen, sie habe ihre Stelle gekündigt und ziehe demnächst ins Ausland. Sie kommt mir vor wie ein anderer Mensch, ein Ausbund an Leidenschaft und Energie. Mit einer Mischung aus Staunen und Neid betrachte ich sie. Dass man sich binnen weniger Tage so von seinem Korsett befreien kann! Ich wollte, ich könnte auch alles hinter mir lassen. Am allerliebsten würde ich die bohrenden Schmerzen in meinem Bauch, meine Müdigkeit und meine Unfähigkeit zu genießen hinter mir lassen. Ich möchte auch gern so strahlen, verliebt sein, mich lösen, leben. Aber mit einem anderen Freund, einer anderen Stelle, einem anderen Haus oder einem anderen Land ist mir nicht gedient. Mein Korsett kann ich nicht ablegen, denn es ist mein eigener Körper, der mir nun zum zweiten Mal solch einen gemeinen Streich gespielt hat. Bei mir befindet sich der Feind in den eigenen Reihen und untergräbt von innen heraus mein Lebensglück.

»Wie geht's *dir* eigentlich?«, fragt Natascha auf einmal besorgt, als sie meinen leeren Blick bemerkt.

»Ich heirate und begrabe mich lebendig in dieser Provinzstadt.«

Einer unserer Trauzeugen nimmt seine Rolle sehr ernst. Das Amt übernimmt er gern, aber dann möchte er auch sicher sein, dass unsere Beziehung gut ist. Unsere Probleme mit den Schwangerschaften kennt er und auch meine Klagen über Paul aus der Zeit nach der Fehlgeburt. Er meint, ich sähe todunglücklich aus, und er hat den Eindruck, Paul unterstütze mich auch jetzt nicht ausreichend und nehme zu wenig Rücksicht. Er schlägt vor, dass wir zusammen eine Therapie machen. Wir könnten uns doch nicht einfach über so tragische Ereignisse hinwegsetzen, indem wir uns zuschanden arbeiten und tun, als wäre nichts.

Aber genau das will ich im Moment. Ich will mich nicht damit auseinander setzen, dass eine normale Schwangerschaft immer unmöglicher zu werden droht. Dieser Gedanke ist mir so unerträglich, dass ich mich ihm noch nicht gewachsen fühle. Erst einmal müssen diese Bauchschmerzen vorbei, das Haus umgebaut und wir verheiratet sein. Ich habe keine Lust, über unsere

Beziehung zu reden. Ich bin schon froh, dass ich durchhalte und dass unsere Freunde uns mit praktischer, konkreter Hilfe beim Hausumbau und beim Organisieren der Hochzeit unterstützen. Und dass Paul so geschickt ist, dass er einen wunderschönen Holzboden selbst verlegen und Wände verputzen kann. Der Trauzeuge schaut skeptisch.

Mit unserer Beziehung sei alles in Ordnung, sage ich beruhigend, aber ohne große Überzeugung. Wir seien nun bereits zehn Jahre zusammen, die meiste Zeit glücklich und manchmal unglücklich, so wie jetzt. Ob das ein Grund sei, nicht zu heiraten? Der Trauzeuge schaut noch skeptischer. Ich selbst finde auch nicht, dass sich das sehr romantisch anhört.

Dennoch haben wir beide seit dem letzten Misserfolg dazugelernt. Paul weiß jetzt, dass er jede Menge Lamentieren meinerseits vermeiden kann, wenn er in Krisenzeiten nicht mehr in der Kneipe hängen bleibt. Und ich weiß jetzt, dass Paul einfach kein Gespür dafür hat, was ich in schwierigen Situationen brauche. Also muss ich es laut und deutlich sagen. Als ich nach der Operation aus dem Krankenhaus kam, habe ich ihm aufgetragen, die ersten Tage zu Hause zu bleiben und sich um mich zu kümmern. Ich habe ihm erklärt, dass er immer wieder mal nach mir sehen, mir etwas Liebes sagen und meine Hand halten solle. Als er nicht oft genug kam, habe ich für ein Glöckchen an meinem Bett gesorgt, mit dem ich ihn rufen konnte. Danach waren wir beide zufrieden. Ich, weil ich bekam, was ich brauchte, und er, weil ich nicht wütend wurde und an ihm rummeckerte.

Natürlich wäre es mir lieber, Paul käme von selbst auf diese Dinge. Wenn man sich schwach fühlt, fällt es schwer, auch weiterhin noch Regie zu führen, aber so ist es nun mal. Paul hat andere Qualitäten, die das wettmachen. Sein Humor und sein Relativierungsvermögen sind auch in schwierigen Zeiten unverwüstlich; daran kann ich mich aufrichten. Ein Mensch braucht nicht nur Unterstützung, sondern auch Ablenkung. Paul lässt mir gar keine Gelegenheit, den Kopf hängen zu lassen. Und selbst Wändestreichen kann therapeutische Wirkung zeigen. Der Trauzeuge sieht schwarz, räumt uns aber trotz allem die Möglichkeit ein, dass es klappen könnte.

Am Hochzeitstag sehe ich blendend aus. Ich trage ein knallrotes schulterfreies Kleid mit eng anliegendem Oberteil und einem weiten Rock mit Falten, der vorne kurz und hinten lang ist. Das Kleid musste ich zwei Mal enger machen lassen. Erst, weil es auf einen schwangeren Bauch abgestimmt war, und dann noch mal, weil ich durch den Stress der letzten Monate bis weit unter mein übliches Gewicht abgenommen habe. Aber heute Morgen bin ich ohne Schmerzen, Müdigkeit und Tränen aufgewacht. Ich fühle mich wie ein Kind, das Geburtstag hat, herrlich gespannt auf das, was der Tag bringen wird.

Isabel und Natascha summen wie fürsorgliche Bienen um mich herum. Sie helfen mir in meine sexy Dessous und wischen mir mit feuchtem Finger im letzten Moment noch etwas verirrtes Make-up aus dem Gesicht. Meine Mutter zupft nervös am mit Blumen durchflochtenen Haar unserer kleinen Nichten und Brautjungfern herum, die in ihren weißen Kleidchen ausgesprochen süß aussehen.

In guten und in schlechten Zeiten, versprechen wir einander heute feierlich. Auf einmal berührt mich diese abgenutzte Wendung tief. Paul beschränkt sich nicht auf das übliche »ja«, sondern sagt mit Nachdruck: »Von Herzen ja.« Ich werfe ihm einen schnellen Seitenblick zu, um zu prüfen, ob er sich über die Situation lustig macht, aber es ist ihm ernst. Mir geht das Herz über. Nie hätte ich gedacht, dass wir beide diese Zeremonie so ernst nehmen würden. Meine Hand zittert, als Paul mir den Ring an den Finger steckt: ein heiterer Ring in drei Goldtönen mit einem kleinen Diamanten in der Mitte.

Als wir das Rathaus verlassen, regnet Reis auf uns herab. Die Körnchen, die auf meinem Haar und meinem Kleid landen, lasse ich möglichst lange dort, damit ihre magische Kraft gut auf mich einwirken kann.

Meine Mutter hat bei sich zu Hause einen Empfang vorbereitet. Die eindrucksvolle Hochzeitstorte stammt von meinem Großonkel, einem ehemaligen Konditor. Mein Vater hält eine liebevolle Rede, bevor die Champagnerkorken knallen. Meine Eltern sind seit Jahren geschieden, und keiner von ihnen hat offiziell wieder geheiratet. Jetzt stehen sie gerührt beisammen.

Der Partyservice kommt viel zu spät mit dem Diner, sodass alle tüchtig angeheitert sind, als wir mit dem Essen beginnen. Später tritt Pauls Familie mit einem herrlich wüsten Lied auf. Sein Bruder traktiert wie wahnsinnig die Gitarre. Dick stiefelt schreiend und wild mit den Armen fuchtelnd übers Podium. Dass er das Bein nachzieht, ist das einzige sichtbare Überbleibsel von seiner Gehirnblutung, aber jetzt wirkt es, als gehöre es zu der Showeinlage. Eine breit grinsende Irene und ihr noch mongoloider dreinschauender Verlobter begleiten den musikalischen Gewaltakt mit verhaltenen, aber unrhythmischen Tamburinklängen. Geertje, die früher Lehrerin war, bemüht sich vergeblich den Text verständlich zu artikulieren. Inzwischen nimmt sich Isabel der noch eintreffenden Gäste und Geschenke an. Nervös läuft sie hin und her, als wäre es ihre eigene Hochzeit.

Später am Abend spielt eine großartige Rock'n-Roll-Band. Zu meinem Vergnügen sehe ich, wie Natascha schamlos mit dem Sänger der Band flirtet. Genau das hatte ich mir erhofft: nicht etwa einen Abend mit lauter biederen Sketchen, sondern ein richtiges Fest mit Musik, Tanz und tiefen Blicken. Auch ich tanze den ganzen Abend, ohne müde zu werden. Paul guckt mich verliebt an. Der Delfin auf meiner nackten Schulter springt fröhlich mit uns mit. River Deep, Mountain High.

IV ISABEL IST SCHWANGER *oder wie ich mich von meiner besten Freundin entfremde*

Isabel ist schwanger. Schlagartig wird mir klar, weshalb sie so ernsthaft angekündigt hat, sie wolle mir etwas erzählen. Bei jedem anderen hätte ich bei solch einer Bemerkung Lunte gerochen, nicht aber bei Isabel. Es ist noch gar nicht lange her, dass mit Vladimir ganz plötzlich Schluss war. Sie war fix und fertig deswegen.

Ich weiß nicht, wie ich reagieren soll. Ich stotterte einen Glückwunsch, oder ist es vielleicht ein Betriebsunfall? Nein, ein Wunschkind. Im Sommer sei sie mit ihrer neuen Liebe im Urlaub gewesen, und da hätten sie beschlossen, dass sie ein Kind wollten. Es habe auf Anhieb geklappt. Sie sei ein wenig verblüfft, sagt sie, nie hätte sie geglaubt, dass es so schnell gehen würde.

Ich bin bass erstaunt. Isabel kenne ich schon länger als Paul. Unsere Freundschaft hat als eine Art Verliebtheit angefangen. Wäre ich lesbisch gewesen oder sie ein Junge, dann hätte sie die Liebe meines Lebens sein können. Wir haben den gleichen Hintergrund, die gleichen Interessen, den gleichen Humor. Ich weiß über all ihre Liebschaften und Liebesprobleme Bescheid, ich kenne ihre gesamte Familie und sie meine. Alles Wichtige besprechen wir miteinander. Hatte ich geglaubt.

Ich wusste überhaupt nicht, dass sie jetzt schon ein Kind wollte. Davon hatte sie nie etwas erwähnt. Nicht dass sie keine Kinder wollte, aber es war ein Thema für später. Außerdem ist sie jünger als ich. Ich hatte Probleme mit dem Kinderkriegen, sie mit ihren Beziehungen. Immer flog sie auf Männer, die sie unglücklich machten. Nette Männer fand sie öde, die langweilten sie schnell. Noam schien mir ein netter Mann; ich ahnte nicht, dass sie die Beziehung mit ihm so ernst nahm.

Es ist ein wenig wie Liebeskummer. Ich fühle mich verraten und ausgeschlossen. Beiseite geschoben. Böse. Eifersüchtig. Auf Noam, mit dem sie so unerwartet intim ist, und auf die Schwangerschaft, die ihr in den Schoß gefallen ist. Fünf Jahre ist es jetzt her, dass Paul und ich uns überlegt haben, dass wir Kinder wollen. Fünf Jahre sind eine lange Zeit. Und Isabel wird einfach Knall auf Fall schwanger.

Es folgen peinliche Telefonate, bei denen wir darüber zu reden versuchen. Ich bin nicht die Einzige, die sich im Stich gelassen fühlt. Isabel ist wegen meiner bestürzten Reaktion auf die Nachricht von ihrer Schwangerschaft gekränkt. Was denn so erstaunlich daran sei, dass sie schwanger sei? Dürfe sie das etwa nicht? Sie habe mir durchaus davon erzählen wollen, auch wenn ihr das nicht leicht gefallen sei. Aber wann und wie hätte sie es denn tun sollen? Ich sei doch die ganze Zeit mit mir selbst beschäftigt. Und schließlich hätte ich sie ja auch fragen können. Hätte ich die Augen aufgemacht, hätte ich es kommen sehen. Immerhin sei sie einunddreißig und habe gerade ihr Studium abgeschlossen. Dann sei das doch kein so ungewöhnlicher Schritt, oder?

Ich werfe ihr vor, dass sie mir nichts gesagt habe. Wenn sie mir immer nur von ihrem Liebeskummer erzähle, könne ich doch nicht riechen, dass sie mittlerweile mit dem nächsten Kerl bereits drei Schritte in Siebenmeilenstiefeln weiter sei. Sie hätte mich darauf vorbereiten müssen, gerade weil sie wisse, wie heikel das Thema für mich sei. Oder habe sie mich womöglich schonen wollen? Das wäre ganz und gar unverzeihlich. Echte Freunde schont man nicht.

Zur Feier von Isabels Studienabschluss gehen wir mit einer Gruppe Freunde in einer Amsterdamer Kneipe essen. Isabel weicht mir aus. Mir ist eher zum Heulen als zum Lachen.

Es ergibt sich, dass ich schließlich neben Noam sitze. Mühsam reiße ich mich zusammen und gratuliere ihm zu Isabels Schwangerschaft. »Das hättest du nicht gedacht, was?«, meint er darauf lachend. Der Triumph, den ich in seiner Stimme mitschwingen höre, lässt bei mir sämtliche Sicherungen durchbrennen. Ich renne ins Freie und breche in Tränen aus. Noam kommt mir nach und fragt, was denn los sei. Ich fasse mich wieder und sage zu ihm, die Nachricht von der Schwangerschaft habe mich tatsächlich umgehauen. Und dass ich keine Ahnung hatte, dass sie zusammen ein Kind wollten.

»Isabel und ich fanden, das gehe nur uns was an. Es ist doch was Intimes, an dem man nicht jeden Beliebigen teilhaben lässt«, antwortet Noam. Damit gießt er Öl ins Feuer. Jetzt koche ich innerlich. Wer glaubt er denn eigentlich, dass er ist mit seinem »Isabel und ich«! Der Kerl kann doch gar nicht mitreden! Seit fünfzehn Jahren ist

Isabel die Freundin, mit der ich Freud und Leid teile. Wie kann er es wagen, mich auf »jeden Beliebigen« zu reduzieren! Am liebsten würde ich ihm eine runterhauen, aber stattdessen sage ich gar nichts mehr. Schweigend gehen wir wieder rein.

Ich habe Noam auch beleidigt, wird mir beim soundsovielten mühsamen Telefonat mit Isabel klar. Wir hätten uns doch regelmäßig getroffen, zusammen gegessen und gelacht. Sie hätten beide geglaubt, ich fände ihn nett. Und jetzt stelle sich heraus, dass ich ihn als unbedeutende Zwischenstation betrachtet hätte, als Freund auf Zeit, mit dem man sich tröstet.

Sie selbst habe diesen Eindruck erweckt, kontere ich. Nie habe sie über ihn geredet, als wäre er die neue Liebe ihres Lebens. Und sie habe nicht mit ihm zusammengelebt. Wie hätte ich denn wissen sollen, dass es so ernst sei?

Ihr Vorwurf, ich sei so mit mir selbst beschäftigt gewesen, dass ich keinen Blick für sie gehabt hätte, hat mich allerdings schwer getroffen. Denn sie hat Recht. Seit meiner Eileiterschwangerschaft habe ich mich kaum mit ihr befasst. Erst war die Operation, dann der Umzug, dann der Umbau und schließlich die Hochzeit. Isabel hatte mich im Krankenhaus besucht, uns beim Streichen geholfen und war Zeremonienmeisterin gewesen. Das war zu viel Einbahnstraßenverkehr.

Mit ihrem zweiten Vorwurf legt sie ebenfalls den Finger in die Wunde. Wenn es nach mir ginge, dürfte sie überhaupt noch kein Kind haben. Erst hätte ich an der Reihe sein müssen. Gleichzeitig wäre auch in Ordnung gewesen. Aber das kann ich nicht haben. Schon der Anblick einer unbekannten schwangeren Frau macht mir zu schaffen, bei anderen Freundinnen ist es mir auch unangenehm, aber bei meiner besten Freundin finde ich es unerträglich. Ihre Schwangerschaft spiegelt meinen Verlust. Selbst wenn sie mich darauf vorbereitet hätte, hätte es mich unendliche Mühe gekostet, mich für sie zu freuen. Da sie es nicht getan hat, teilt sie diese intime Erfahrung stattdessen mit Noam. Letztendlich geht es nur sie beide etwas an.

Irgendwann einmal hatte ich eine romantische Vorstellung von der idealen Liebesbeziehung: dass man alles miteinander teilen, sich ohne Worte verstehen und mit Leib und Seele miteinander verschmelzen kann. Aber damals war ich noch ein Kind. Inzwischen habe ich längst akzeptiert, dass man nicht alles mit einer einzigen Person teilen kann, schon gar nicht mit einem Mann. Viele Männer sind nicht sensibel genug, um sich in jemand anderen hineinzuversetzen. Die Anziehungskraft bei meiner Beziehung mit Paul liegt gerade in der Tatsache, dass wir so verschieden sind. Die Distanz erhält die Spannung, dadurch bleibt der Sex gut. Intimes habe ich immer mit Isabel besprochen, aber das ist jetzt Vergangenheit. Ab und zu telefonieren wir miteinander, aber in unseren Gesprächen entstehen unangenehme Pausen. Wir wissen nicht recht, worüber wir reden sollen. Die frühere Vertrautheit fehlt.

Was bin ich doch naiv gewesen. Die Erwartung, dass beste Freundinnen immer alles miteinander teilen, war kindisch hochgespannt. Im Grunde hat Noam Recht: Das Kinderkriegen geht nur sie beide etwas an. Es ist ihr Kind, und ich habe wirklich nichts damit zu tun. Wenn Freunde Kinder bekommen, muss man sich immer erst einmal daran gewöhnen. So ein dramatischer Umbruch hat nun einmal zur Folge, dass Freundschaften an Bedeutung verlieren.

Es ist etwas, das irgendwann zu Ende geht, wie das Leben überhaupt. Letztendlich stirbt man, und zwar allein. Die engsten Freundschaften schließt man als Teenager oder in den Zwanzigern. Da ist man am offensten füreinander, da ist das Bedürfnis nach Teilen am größten. Wenn die Leute feste Beziehungen eingehen, verbringen sie mehr Zeit mit dem Partner, und die Freundschaften rücken in den Hintergrund. Und wenn sie schließlich Kinder kriegen, haben sie noch weniger Zeit für ihre Freunde. Ab und zu treffen sie sich mit Leuten, die ebenfalls Kinder haben, dann können die Kleinen schön zusammen spielen, und sie wiederum können sich darüber unterhalten. Persönliche Gespräche werden eine Seltenheit. Man belästigt die Freunde nicht mehr mit seinen Problemen. Damit geht man zum Psychiater, oder man behält sie für sich.

Demnächst bleibe ich mit Paul allein übrig, unglücklich, verbittert und einsam, ohne Kinder, ohne Freunde, ohne Isabel. Und letzten Endes vielleicht auch noch ohne Paul. Irgendwann wird er meine trüben Stimmungen satt haben.

V DER IVF-ZIRKUS *oder wie mich der Anblick zitternder Himbeeren rührt*

Im Wartezimmer sitzen lauter schwangere Frauen, und überall hängen Geburtsanzeigen. Vielleicht soll diese betonte Demonstration von Fruchtbarkeit uns optimistisch stimmen: Mit IVF haben auch Sie Aussicht auf all dies Begehrenswerte! Mich aber schreckt es ab, es hat eher beklemmende Wirkung. Ich will hier weg.

Gerade bin ich von der Buchmesse in Simbabwe zurückgekommen. Nicht nur beruflich war die Reise interessant, auch mein Ego ist um mindestens zehn Zentimeter gewachsen. Es war eine Woche voller prickelnder Erotik. Mein Herzeleid und meine Bauchschmerzen waren verschwunden, mein Körper gehörte wieder mir. Ich habe mich sogar attraktiv gefühlt und das offenbar auch ausgestrahlt. Wie das ist, hatte ich vollkommen vergessen. Es hätte nicht viel gefehlt, und ich wäre fremd gegangen. Paul hätte es nie zu erfahren brauchen. Wer weiß, was er während meiner Abwesenheit getrieben hat. Man lebt nur einmal, bevor man sich's versieht, ist man alt und hässlich und fasst sich an den Kopf, weil man sich wie eine keusche Nonne verhalten hat. Nach Pauls Affäre mit Maria hatte ich hin und wieder gesagt, dass mir noch eine Revanche zustünde, aber nach einer Weile war das verjährt.

Manchmal fragt mich ein potenzieller Liebhaber auffordernd: »Warum willst du eigentlich ein Kind? Wenn du Liebe übrig hast, solltest du dir besser einen Liebhaber nehmen.« Und dazu suggeriert er dann mit verführerischem Blick: »Nimm mich!« Solche Aufmerksamkeit genieße ich. Ich flirte gern und reize gern auf. Das Verführungsspiel mag ich sehr, aber wenn es darauf ankommt, schlüpfe ich doch am liebsten wieder zu Paul ins Bett. Sein Körper ist mein Lieblingsziel, ich kenne ihn so gut. Sicher, es gibt andere attraktive Orte, aber hierher will ich immer wieder zurück. Auch seit mein Eisprung unser Sexualleben beherrscht, lassen wir uns das Vergnügen im Bett nicht vergällen. Das ist ein Geschenk des Himmels. Genauso gut könnte es uns auch keinen Spaß mehr machen, weil man Sex nur noch mit problematischer Fortpflanzung assoziiert.

Der Zusammenhang zwischen Sex und Fortpflanzung hat meine Fantasie noch nie sonderlich angeregt. Als meine Eltern uns aufklärten, hat mich das zu Tode gelangweilt. Der Anlass für ihre plötzliche Offenheit über Blümchen und Bienchen und Samen und Eier dagegen war wesentlich interessanter. Mein Bruder, meine Schwester und ich sowie zwei Kinder aus der Nachbarschaft hatten einen geheimen Sexclub gegründet. Keiner von uns war geschlechtsreif, und unsere Nacktspielchen waren harmlos, aber auf eine kindliche Weise durchaus erregend.

Wir hatten uns von Bildern aus einer Erwachsenenzeitschrift inspirieren lassen, die mein Bruder zufällig ergattert hatte. Gemeinsam entwickelten wir ein Spiel mit allerlei Regeln. Es wurde abwechselnd gewürfelt und je nachdem, auf welches Bild man kam, musste man etwas mit jemandem machen: auf verschiedene Stellen küssen, sich in ähnlicher Position wie auf den Fotos auf jemanden draufsetzen. Ich war gerade vollauf mit einer komplizierten Stellung mit einem der anderen Clubmitglieder beschäftigt, als plötzlich mein Vater ins Zimmer kam und uns auf frischer Tat ertappte. Er regte sich nicht auf - meine Eltern waren modern eingestellt -, beschlagnahmte aber umgehend das Magazin. Wir mussten uns wieder anziehen und sofort mit ins Wohnzimmer kommen. Dort begann er in Gegenwart meiner Mutter, die ihm ausnahmsweise einmal nicht widersprach, mit einer einschläfernden Darlegung dessen, was Papas und Mamas miteinander machen, um ein Kind zu bekommen. Ganz eindeutig war diese funktionale Handlung den Erwachsenen vorbehalten, deshalb verstand ich überhaupt nicht, warum er uns Kinder damit nervte.

Später hatte ich noch einmal Aufklärungsunterricht in der Grundschule. Das war wesentlich spannender, denn unser Lehrer hatte sich ein System ausgedacht, das es den Schülern ermöglichte, anonym Fragen zu stellen. Wir durften zusammengefaltete Zettel in einen Plastikbecher auf seinem Schreibtisch werfen, und er versprach, sämtliche Fragen zu beantworten. Das ließen wir uns nicht zwei Mal sagen. Wir fragten ihm ein Loch in den Bauch, und er erzählte uns, ohne mit der Wimper zu zucken, wie oft er es mit seiner Frau machte, dass seine Frau tatsächlich auch unten rotes Haar hatte und wie lang seiner ungefähr war, in schlaffem und erigiertem Zustand. Schon bald gingen Beschwerden von Eltern ein, und der

Becher verschwand von seinem Schreibtisch. Inzwischen wussten wir so ziemlich alles, was es zu wissen gab.

Etwa zur gleichen Zeit – wir waren damals um die zwölf – begannen auch die Klassenpartys in Garagen, bei denen sich die Eltern diskret zurückzogen. Wir vertrieben uns den größten Teil des Abends mit einem Spiel, ähnlich der Reise nach Jerusalem, nur ohne Stühle. Die Jungen bildeten einen Innenkreis, die Mädchen gingen im Takt der Musik um sie herum. Wenn die Musik abbrach, musste man dem Jungen, vor dem man stehen geblieben war, einen Zungenkuss geben. Dann setzte die Musik wieder ein, und es ging munter weiter. Natürlich wurde auch ausgiebig geschummelt, sodass die Partys lange nicht jedem gleich viel Spaß machten. Ich jedoch hatte immer viel Glück. Übrigens nicht nur in der Liebe.

Mein Vater nannte mich ein Sonntagskind, und genau genommen bin ich das noch immer. Ich sehe gut aus, bin gesund, habe einen Partner, viele Freunde, eine enge Bindung mit meiner Familie, eine solide Ausbildung, eine gute Stelle, keine Geldsorgen. Keine Kinder, nein, aber das hat auch seine Vorteile. Es gibt eine Menge Leute ohne Kinder, die mit ihrem Leben sehr zufrieden sind. Vielleicht sogar glücklicher als viele, die zwar Kinder haben, aber dafür alle damit verbundenen Sorgen, alle Verantwortung und Unfreiheit. Denn würde ich noch solche herrlichen Fernreisen machen, wenn ich erst einmal Kinder habe? Würde ich wohl noch ausgehen und bis tief in die Nacht tanzen, trinken und reden? Und wird es nach drei Jahren in der gleichen Position beim gleichen

Arbeitgeber nicht allmählich Zeit für einen nächsten Karriereschritt?

Während meines Studiums erzählte eine Professorin bei einer Vorlesung vor einer ganzen Gruppe Studenten, sie habe keine Kinder bekommen können. Ansonsten wäre sie Hausfrau und Mutter geworden, sagte sie, andere Ambitionen habe sie nicht gehabt. Als es mit Kindern nicht klappte, habe sie sich der Wissenschaft verschrieben und sei durch Zufall sehr erfolgreich damit geworden.

Ihre Geschichte beeindruckte mich, obwohl ich damals noch keine Ahnung hatte, was es bedeutete, keine Kinder bekommen zu können. Bis dahin hatte ich die Vorstellung, unfruchtbare Frauen seien bedauernswerte, vertrocknete Wesen, sie aber war eine schöne, lebhafte Frau, die sich elegant und sexy kleidete und darüber hinaus internationale Anerkennung auf ihrem Fachgebiet genoss. Sie hatte alles, was ich an einer Frau bewunderte, und nun erwies sie sich auch noch als menschlich und gescheit. Ganz ruhig und neutral erzählte sie ihre Geschichte, als wollte sie verdeutlichen, dass es im Leben manchmal anders laufen kann, als man möchte, und dass das nicht nur traurig ist. Im Gegenteil. Scheitern kann ein Baustein zum Erfolg sein.

Ich könnte auch erfolgreich sein, wenn ich nicht immer weiter im Sumpf des enttäuschten Kinderwunsches versänke. Begehe ich nicht eine unglaubliche Dummheit, wenn ich mich jetzt auch noch auf den rutschigen IVF-Pfad wage? Vergeude ich nicht meine schönsten Jahre?

Paul kennt solche Zweifel nicht. Er hat auch kein so

ausgeprägtes Geltungsbedürfnis wie ich. Er will Freude an der Arbeit haben, genügend Geld verdienen und noch Zeit zum Gitarre- und Tennisspielen, zum Malen und zum Ausgehen mit Freunden übrig behalten. Die Aussicht auf eine Zukunft ohne Kinder jedoch findet er öde. »Dann bleibt alles, wie es ist«, sagt er. »Ich möchte das Leben auch noch aus einer anderen Dimension mitbekommen.«

Ich merke, dass er sich seiner Sache ganz sicher ist. Wenn ich abspringe, tun sich für mich zwei Szenarien auf. Erstens: Paul verlässt mich, um mit einer anderen Kinder zu haben. Zweitens: Paul bleibt bei mir, macht mir aber unausgesprochen Vorwürfe, weil ich ihm keine Kinder geschenkt habe, sodass unsere Beziehung allmählich vor die Hunde geht.

Beide Möglichkeiten finde ich unerträglich, aber nicht unvorstellbar. Wenn man gern Kinder möchte, kann dieser Wunsch stärker sein als die Liebe zum Partner. Und bei *ihm* ist schließlich alles in Ordnung, *er* kann ohne weiteres Kinder bekommen. Das Problem liegt bei mir. Dass mein Eileiter verstopft ist, führen die Ärzte auf eine frühere Infektion zurück, die durch meine damaligen wechselnden Kontakte entstanden sein könnte. Paul weiß das, hat sich aber noch nie darüber beklagt. Wenn er es täte, würde ich ihm das übel nehmen, denn die Liebesabenteuer lagen vor seiner Zeit, ich bereue sie nicht, und diese Folgen konnte ich nicht vorhersehen. Dennoch könnte er in schwachen Momenten anklagend mit dem Finger auf mich deuten, was er aber nicht macht.

Wenn er es also so gern möchte, werde ich mein

Möglichstes tun, um ihm Kinder zu schenken. Außerdem misstraue ich meiner plötzlichen Begeisterung für eine Zukunft ohne Kinder. Vielleicht versuche ich mich gegen neuerliche Enttäuschungen zu wappnen. Also los: Ich bin zur nächsten Offensive bereit.

»Für gewöhnlich wird IVF in Fällen wie Ihrem angewendet, das heißt, wenn blockierte Eileiter der Hinderungsgrund für eine normale Schwangerschaft sind. Mit IVF kann man die Eileiter umgehen, indem die Eizelle nach der Befruchtung direkt in die Gebärmutter eingesetzt wird.«

Das klingt alles sehr einfach und sehr logisch. Dass die Befruchtung künstlich stattfindet, macht mir nichts aus; es sind und bleiben unsere eigenen Zutaten, die zusammengebracht werden. Ob die nun durch die Eileiter oder unter Umgehung derselben in meiner Gebärmutter landen - es geht um das Resultat: eine normale Schwangerschaft und ein Kind. Durch die vielen Untersuchungen bin ich daran gewöhnt, für den Arzt die Beine zu spreizen, und Paul hat beim Onanieren in ein Gefäß ebenfalls Erfahrung sammeln können.

»Die Behandlung wird meist als recht belastend empfunden«, warnt die Frau, die das Aufnahmegespräch mit uns führt. Wir fragen nach der Erfolgsquote. »Pro Versuch beträgt die Chance auf eine Schwangerschaft etwa zwanzig Prozent. Das mag nicht hoch erscheinen, entspricht aber in etwa dem Prozentsatz, dass eine Frau, bei der keine Komplikationen vorliegen, auf natürlichem Wege schwanger wird. Viele Frauen werden im Verlauf von drei Versuchen schwanger. Diese Anzahl wird auch von den meisten Krankenkassen übernommen.«

Sie erklärt uns, wie dies und jenes technisch vor sich geht. Normalerweise reift bei einer Frau jeden Monat eine Eizelle heran, aber man hat Tausende in Reserve. Bei der In-vitro-Fertilisation bewirken Injektionen natürlicher Hormone, dass mehrere Eizellen gleichzeitig heranreifen, damit sich die Chance auf eine erfolgreiche Befruchtung erhöht. Mittels Ultraschall- und Blutuntersuchungen wird der Reifungsprozess ständig genau überwacht. Sind die Eizellen reif, werden sie angestochen und abgesaugt. Der Mann muss währenddessen an Ort und Stelle Samen produzieren, und anschließend wird beides zusammengebracht. Man wartet ein paar Tage, ob die Eizellen befruchtet werden und ob die Zellteilung einsetzt. Ist das der Fall, werden eine oder mehrere befruchtete Eizellen in die Gebärmutter eingesetzt. Und dann muss man zwei Wochen abwarten, ob sich der Embryo gut einnistet.

Bevor wir gehen, werden wir mit Broschüren, Informationen und Rezepten eingedeckt. Mir wird ganz schwindelig. Als ich die Rezepte am nächsten Tag beim Apotheker abgegeben habe, kann ich die zwei großen Papiertüten kaum schleppen. Sie quellen über von großen und kleinen Fertigspritzen und solchen zum Zusammensetzen, von Ampullen mit Flüssigkeiten in verschiedenen Farben und Aufschriften wie Decapeptyl, Humegon, Pregnyl, von Kanülen aller Art, klein und groß, dick und dünn, von Pflaster, Gaze und Alkohol.

Normalerweise gehe ich nur in die Apotheke, wenn

ich eine Packung Aspirin oder einen Schwangerschaftstest brauche. Prustend vor Lachen zeige ich Paul die respektable Beute: Guck mal, das Werkzeug zur Herstellung unseres künftigen Kindes! Wir studieren den Inhalt und verteilen die Aufgaben.

Die kleinen Spritzen mit Decapeptyl werden in den Bauch gegeben, das kann ich selbst machen. Allerdings habe ich mich noch nie selbst gespritzt. Wer zuckerkrank ist, muss das ein Leben lang, sage ich mir. Die ersten paar Male ist es mir grässlich, aber man gewöhnt sich rasch daran, und es tut kaum weh. Diese Vorbereitungsphase dauert normalerweise zwei Wochen, kostet uns aber im Zusammenhang mit einer Untersuchung anderthalb Monate. In diesen Zeitraum fällt auch der jährliche Messebesuch in Frankfurt, eine sehr intensive und wichtige Woche. Ich nehme einen Vorrat Injektionen mit und versuche um des guten Zweckes willen abends keinen Alkohol zu trinken, was in dieser Umgebung alles andere als leicht ist. Zusammen essen, aber auch trinken ist hier die Entspannung schlechthin nach einem anstrengenden Arbeitstag. Mehrmals werde ich gefragt, ob ich denn schwanger sei, als ich schon wieder ein Glas Mineralwasser bestelle, und ich reagiere leicht verlegen. Durch die Hormone fühle ich mich labil. Es fällt mir schwer, mich in die wie geschmiert laufende Maschinerie einzufügen und mich stets geschäftsmäßig, nett und freundlich zu geben.

Bei einem Termin mit einer Literaturagentin wird mir regelrecht unbehaglich. Die fanatische Frau will mir ein Buch mit dem Titel »Der Mythos der Mutterschaft« verkaufen. Ich wimmle ab: »So was passt nicht in unser Programm«, was überdies stimmt. Aber sie ist nicht zu bremsen: »Frauen wird die Mutterschaft aufgezwungen. Man redet ihnen ein, ohne Kinder gäbe es für sie kein erfülltes Leben. Den Mutterinstinkt gibt es überhaupt nicht, er ist eine Erfindung der Männer. Frauen, die keine Kinder bekommen können, empfinden sich als Versagerinnen und machen die unmöglichsten Verrenkungen, um dem Mythos doch noch gerecht zu werden. Sie lassen sich operieren, spritzen sich mit Hormonen voll, lassen einfach alles mit sich machen. Wenn man bedenkt, wie viele Frauen sich heutzutage IVF-Behandlungen unterziehen! IVF ist eine der verwerflichsten Errungenschaften unserer Zeit, eine Erfindung, die den Mythos der Mutterschaft unterstützt und aufrecht erhält.« Ich denke an die Ampullen voller Hormone im Kühlschrank meines Hotels. Heute abend setze ich mir wieder einen Schuss.

»Unterschätzt die Autorin die Frauen nicht stark, wenn sie sie für so dumm hält, dass sie sich einen Kinderwunsch aufreden lassen?«, versuche ich einzuwenden. Mir wird klar, dass es hier keineswegs um die Ansicht der Autorin geht: In diesem Gespräch geht es nicht um das Buch, sondern um uns. Die Frau ist eindeutig genau wie ich vom Thema persönlich betroffen. Weshalb sollte sie sonst so heftig reagieren?

»Nein, es ist nicht so, dass die Frauen dumm wären. Sie sind lediglich so verdammt empfänglich für das, was die Männer von ihnen wollen und was von ihnen erwartet wird, statt bewusst eigene Entscheidungen zu treffen.« Verwirrt mache ich mich auf den Weg zum nächsten Termin.

Mache ich es wegen Paul? Zum Teil schon. Wenn er nicht so gern ein Kind wollte, wäre ich bestimmt nicht so weit gegangen. Aber richtig schlimm wäre es nur, wenn ich es ausschließlich seinetwegen machte. Natürlich will auch ich selbst ein Kind von ihm, obwohl ich mich immer öfter frage, wie wichtig mir das eigentlich ist. Die Mutterschaft lockt mich nicht besonders, beim Anblick eines Babys schmelze ich nicht dahin. Mütter, die mit Ringen unter den Augen hinter Kinderwagen herzuckeln, empfinde ich als reizlose Wesen.

Aber ich weiß durchaus, wie es ist, voller Erwartung zu sein. Ich kenne das schmerzliche Gefühl des Verlusts, wenn eine Schwangerschaft scheitert. Beim Anblick schwangerer Bäuche krampft sich mein Herz zusammen. Offenbar kann ich noch nicht akzeptieren, dass ich kein Kind bekommen werde. Also ist anzunehmen, dass ich tatsächlich einen Kinderwunsch habe. Aber was für einen Sinn hat es, darüber weiter nachzudenken? Dann schwimme ich ewig in meinen Zweifeln herum. Vielleicht besteht mein größtes Problem darin, dass mir zu viel Zeit zum Zweifeln bleibt. Ich glaube an impulsive Entscheidungen, alle wichtigen Entscheidungen werden, denke ich, mit dem Herzen getroffen. Aber meinem Herzen bleibt zu viel Zeit, dadurch wird es zweiflerisch.

Andere brauchen nicht endlos darüber nachzudenken, ob sie ein Kind wollen oder nicht. Sie wissen auch nicht, worauf sie sich einlassen und ob es die Mühe lohnt. Irgendwann versuchen sie einfach ihr Glück und schauen dann, was daraus wird. Auch ich versuche mein Glück, nur kostet mich das sehr viel Zeit und Kraft, aber so ist es nun einmal. Man tut, was man tun muss. In meinem Fall ist das eben jetzt eine Runde IVF. Die Mutterschaft soll mich später kümmern, und der Mythos der Mutterschaft ist mir so egal wie nur was.

Als ich wieder zu Hause bin, bricht die Epoche der großen Spritzen und dicken Nadeln an. Immer abwechselnd in die linke und die rechte Pobacke. Das ist Pauls Aufgabe; er hat im Krankenhaus gelernt, wie es geht.

»Darf ich in dich?«, fragt er semigeil, bevor er mir die Spritze in den Po gibt.

»Ja, komm schon! Tiefer, tiefer!«, rufe ich und recke den Hintern hoch.

Dass andere darüber witzeln, kann ich nach wie vor schlecht wegstecken. Ich bereue es, dass ich das Ganze nicht für mich behalten konnte. Eine Freundin nennt IVF »im Krankenhaus ein Kind bestellen«. Ein guter Freund, dessen derben Humor ich sonst sehr schätze, sagt zu mir: »Da kriegst du also demnächst ein Mengele-Baby.«

Ohne Betäubung werden mit einer dicken Kanüle die reifen Eizellen durch die Scheidenwand aus meinem Bauch geholt. Die Punktion scheint endlos zu dauern. Paul darf inzwischen in einem Extrazimmer mit Bett und anregender Lektüre in aller Ruhe masturbieren. Männer behaupten, ein Orgasmus auf Befehl sei auch kein reines Vergnügen, aber jedenfalls tut es nicht weh. Ich werde innerlich leck gestochen, es kommt mir vor wie eine Foltermethode. Angeblich spüren manche Frauen nichts davon; ich bin offenbar extrem empfindlich.

Die Ausbeute ist gut: zwölf Eizellen. Nun heißt es abwarten, ob die Befruchtung erfolgt. Wäre ich gläubig, dann könnte ich jetzt darum beten, dass es klappt. Ich habe einmal über eine alte Frau in China gelesen, die so große Angst vor Flugzeugen hatte, dass sie den Flug ihrer Tochter oder Enkelin nach Amerika geistig begleitete. Sie flog in Gedanken mit und stützte die Tragflächen, um die Maschine am Abstürzen zu hindern. Auf ähnliche Weise schicke ich meine Gedanken ins Krankenhaus und konzentriere mich auf das Verschmelzen von Pauls Samen mit meinen Eizellen in irgendeinem Schälchen oder Röhrchen im Labor. Nur zu, Jungs, lasst eine richtige Orgie steigen!

Ein paar Tage später kommt der erlösende Anruf: Vier Eizellen sind befruchtet, darunter - so die Leute vom Labor - zwei Embryonen von hervorragender Qualität. Ich dachte immer, bei Ei- und Samenzellen wäre eine wie die andere, aber nun hat die Kombination der unseren offenbar auch Embryonen von hervorragender Qualität ergeben. Fast bin ich stolz, wie damals, als ich ein Kompliment über meine Gebärmutter bekam.

Bevor die zwei Embryonen in die Gebärmutter eingesetzt werden, dürfen wir sie kurz sehen: Sie werden auf einen Bildschirm projiziert. Wie Himbeeren sehen sie aus, zwei runde Gebilde aus lauter kleinen Kügelchen, das sind die geteilten Zellen. Ihr hilfloses Zittern, das sie schon jetzt irgendwie menschlich wirken lässt, rührt mich. Von der Rückübertragung selbst spüre ich fast nichts, aber ich empfinde den Moment als feierlich. Anschließend lässt man uns allein. Ich muss noch eine Viertelstunde auf dem Rücken liegen bleiben, und Paul hält mir die Hand. Irgendwie hat es uns die Sprache verschlagen; was soll man nun sagen, was denken? Sicher ist noch gar nichts, aber dennoch keimt in meinem Bauch wieder neues Leben. Und damit ist die Hoffnung wieder geboren.

Am nächsten Tag bekomme ich hohes Fieber und heftige Bauchschmerzen. Jede Bewegung ist eine Tortur, deshalb graut mir regelrecht, als sich herausstellt, dass wir den ganzen Weg zum Krankenhaus in Voorburg mit dem Auto fahren müssen. Es ist eine Stunde Fahrt. Wir hatten uns für dieses Krankenhaus entschieden, weil es von meiner Arbeitsstelle in Den Haag aus gut mit dem Rad zu erreichen ist. Dadurch konnte ich die häufigen Krankenhaustermine so mit meinen Arbeitszeiten abstimmen, dass die Kollegen im Büro nichts zu merken brauchten. Bisher war ich mit unserer Wahl hoch zufrieden: In keinem anderen Krankenhaus bin ich so menschlich behandelt worden wie vom IVF-Team in Voorburg. Jetzt verfluche ich die Entfernung. Jedes Mal, wenn Paul beschleunigt, bremst oder eine Kurve nimmt, stöhne ich gequält auf.

Im Krankenhaus dauert alles eine Ewigkeit. Bluntuntersuchung, Ultraschall, Gewebekultur, innere Untersuchung. Vermutlich liege eine Eierstockentzündung vor, sagt der Gynäkologe. Das wiederum hat nachteilige Auswirkungen auf die Fruchtbarkeit, aber darüber mache ich mir momentan zuallerletzt Sorgen. Mir ist viel zu elend dazu. Ich bekomme ein Rezept für ein Antibiotikum und Flagyl, ein Mittel gegen Infektionen. Danach liege ich drei Tage mit hohem Fieber flach im Bett, die Hände auf dem Bauch, und warte, dass die Zeit und die Schmerzen vergehen.

Isabel kommt auf Krankenbesuch. Seit der Entfremdung haben wir einander nicht mehr gesehen. Mit ihrem Besuch zeigt sie mir, dass sie nach wie vor meine Freundin ist. Das tut gut, auch wenn ich keine Ahnung habe, wie unsere Freundschaft künftig aussehen soll. Ihr schwangerer Bauch wird allmählich sichtbar. Ich versuche, leichthin etwas Nettes darüber zu sagen, als forciertes Zeichen der Anerkennung. Zum Glück lässt sie sich nicht weiter darüber aus. Sie hat Frauenmagazine dabei, für uns beide das Nonplusultra an Genuss und Entspannung. Isabel kocht mir Tee. Wir reden nicht viel, worüber auch? Unsere Erfahrungen sind gegenläufiger Natur und nehmen uns dabei beide stark in Beschlag. Sie hat den nach innen gekehrten abwesenden Blick von Schwangeren, die ganz von dem Wunder erfüllt sind, das sich in ihrem Körper vollzieht. Bei mir schmerzt innerlich wieder alles.

Ob die zwei Embryonen diese widrigen Umstände wohl überlebt haben? Ich kann es mir fast nicht vorstellen. In Voorburg sagen sie, eine so heftige Entzündung infolge einer IVF-Behandlung komme so gut wie nie vor. Aber ich habe natürlich wieder so was. Nächstes Mal, so versprechen sie, würden sie mir vorbeugend Antibiotika geben. Ob das bedeutet, dass sie diesen Versuch bereits als zum Scheitern verurteilt betrachten? Ich spüre nichts von den üblichen Schwangerschaftssymptomen, meine Brüste sind nicht gespannt. Aber vielleicht ist es dafür auch noch zu früh. Meine Periode habe ich noch nicht bekommen, obwohl sie mittlerweile fällig gewesen wäre. Jemand sagt mir, Fieber habe keinerlei Einfluss auf Embryonen; sie seien ja gerade deshalb eingekapselt, damit sie gegen solche äußeren Einflüsse geschützt seien. Vielleicht also doch ...

Eineinhalb Monate labil durch die Hormone: umsonst. Fast täglich Blutabnahme und Ultraschall im Krankenhaus: schade um die Zeit. Die Tortur der Punktion: sinnlos. Tagelang wie gelähmt im Bett: zu nichts nütze. Zwei lange Wochen warten und hoffen wider besseres Wissen: Die Periode setzt mit den gewohnten schweren Krämpfen ein. Die zwei überschüssigen Eizellen konnten sie nicht einmal einfrieren, letztendlich war es also doch keine Spitzenqualität.

Von Isabel höre ich auch nichts mehr. Das hat, wie sich herausstellt, einen unerwarteten Grund: Sie wurde mit akuter Nierenbeckenentzündung ins Krankenhaus eingeliefert. Inzwischen hat sie eine Antibiotikakur hinter sich und ist wieder zu Hause. Ich schlage im Medizinlexikon nach: Entzündungen dieser Art kommen bei Schwangeren immer wieder vor, und wenn sie rechtzeitig behandelt werden, stellen sie keinerlei Bedrohung für das Kind dar. Es besteht also keine Gefahr mehr, aber Isabel hat einen Riesenschreck bekommen. Jetzt ist also es an mir, ihr meine Freundschaft zu bezeigen.

Ich besuche sie, bringe Trostlektüre mit und koche Tee. Sie erzählt, wie viel Angst sie um ihr Kind ausgestanden habe. Als hätte sie als Einzige diese Erfahrung gemacht, als wäre ihre Angst schlimmer als meine Wirklichkeit. Meine Zwillinge könnten bereits drei Jahre alt sein, und das Kind aus meiner zweiten Schwangerschaft wäre jetzt geboren, wenn es sich nicht an der falschen Stelle eingenistet hätte. Mein letztes Traumkind ist soeben im Keim erstickt worden. Ich gucke ihren Bauch an, der seit dem letzten Mal beträchtlich an Umfang zugenommen hat. Bald kriegt sie ganz normal ein Kind. Ich schenke ihr noch eine Tasse Tee ein.

Was ich bei anderen auf den Tod nicht ausstehen kann, ist, wenn sie alles an ihrem persönlichen Unglück messen. Leute, denen etwas fehlt und die bei jeder Gelegenheit sagen: »Du bist wenigstens gesund.« Einsame, die alles mit dem Satz abtun: »Du hast wenigstens einen Partner.« Verglichen mit ihrem Leid zählt alles andere nicht. Ich selbst entwickle mich allmählich auch zu solch einer frustrierten Person: Du brauchst nicht zu jammern, du hast (oder kriegst, je nachdem) wenigstens ein Kind. Ich sage es zwar noch nicht laut, aber viel fehlt nicht dazu.

Klagen anderer pariere ich mit Geschichten, wie es noch viel schlimmer sein könnte. Wenn jemand über eine schwierige Entbindung klagt, erzähle ich in allen Einzelheiten, wie es meiner Schwägerin in einem rückständigen Krankenhaus in Polen ergangen ist. Dort war mein älterer Bruder als Diplomat. Als bei seiner Frau die Fruchtblase platzte, fuhren sie mit dem Auto im Regen durch Warschau zum Elitekrankenhaus für Ausländer und die polnische Oberschicht. Sie verfuhren sich. Nach einer nervenaufreibenden Fahrt durch die Stadt waren die Wehen so stark, dass sie das erstbeste Krankenhaus ansteuerten. Dort gab es keine Vorzugsbehandlung, vielmehr machten sie auf harte Weise Bekanntschaft mit dem polnischen Alltag. Mein Bruder durfte aus hygienischen Gründen nicht bei der Geburt dabei sein. Er stand hinter einem Fensterchen und musste mit ansehen, wie sie seine Frau wie ein Schwein zu schlachten schienen. Für den Kaiserschnitt gab es keinerlei medizinischen Grund; ihre drei älteren Kinder hatte sie völlig problemlos zur Welt gebracht. Kaum war das Kind da, wurde es fest eingewickelt und in einen anderen Raum gebracht. Als meine Schwägerin protestierte, stellte man sie mit Spritzen ruhig. Mein Bruder wurde fortgeschickt. Als meine Schwägerin wieder zu sich kam und total verstört nach ihrem Mann und dem Kind fragte, verpasste man ihr erneut eine Beruhigungsspritze. Diese Geschichte kann man wunderbar erzählen, darin findet jeder seinen Meister. Aber mir ist klar, dass mein Vergnügen der aggressiven Neigung entspringt, den Klagenden zurechtzuweisen.

Keiner hat etwas davon, wenn er sein Leid mit dem anderer vergleicht. Selbst meine Situation mag anderen beneidenswert vorkommen. Eine meiner Freundinnen beneidet mich darum, dass ich schon ein paar Mal schwanger war. Sie versucht es ebenfalls seit Jahren, aber bei ihr tut sich überhaupt nichts. Man weiß nicht, woran es liegt und kann nichts dagegen tun. »Du weißt wenigstens, dass du schwanger werden kannst«, sagt sie, »das ist immerhin eine ganze Menge mehr als bei mir.«

Für manche Frauen ist die Schwangerschaft alles andere als vergnüglich, und die Geburt kann zur traumatischen Erfahrung geraten. Manche sind nach der Entbindung verwirrt oder depressiv, und auch dem Kind kann alles Mögliche fehlen. Jeden trifft mal ein Unglück, und bei jedem liegt die Grenze dessen, was er ertragen kann, an anderer Stelle. Es gibt Leute, die überleben menschenunwürdige Demütigungen, ohne ihre Lebenskraft einzubüßen. Verglichen mit den Qualen, die sie überstanden haben, sind meine Rückschläge überhaupt nichts.

Ich weiß das sehr wohl, aber Verstand und Gefühl halten nun einmal nicht Schritt miteinander. Einmal saust das Gefühl voraus, ein andermal zuckelt es hinter dem Verstand her. Manchmal verlieren beide die Orientierung und rennen wie die Idioten im Kreis hintereinander her, sodass nicht mehr zu unterscheiden ist, wer nun mit wem gleichziehen will. So ist es jetzt gerade bei mir: ein unentwirrbares Knäuel. Wie Wäsche in der Schleuder drehe ich immer wieder den gleichen engen Kreis um meine eigene leere Mitte. Zusammengedrückt, verknittert, klein. Wie komme ich da nur raus? Ich will der Länge nach im Wind flattern, die frische Luft riechen, den Horizont sehen.

Ein älterer Kollege, mit dem ich gut auskomme, vertraut mir seine Geschichte an. Seine Frau und er hatten sogar zwei Mal ein Kind bekommen, beides Frühgeburten.

Erst ein Junge, den sie Christiaan nannten, dann ein Mädchen namens Suzanne. »Mit den heutigen Techniken hätten sie durchkommen können«, sagt er. Damals hatte er ziemlich hilflos auf die tragischen Ereignisse reagiert.

Kurz darauf erfuhr er vom Arzt auch noch, dass seine Frau an Multipler Sklerose litt. Ihr selbst hatte der Arzt nichts gesagt. Und der Mann traute sich nicht, ihr nach den Schicksalsschlägen, die sie bereits zu verarbeiten hatte, die Wahrheit zu sagen. Sie bekam es natürlich doch heraus, und das Ganze lief aus dem Ruder. Sie waren eine Zeit lang getrennt, aber letztlich wurde es doch wieder gut, denn sie liebten einander sehr. Noch heute bedauern sie es, keine Kinder zu haben, aber sie haben es mittlerweile akzeptiert. Wenn bei der Arbeit jemand zur Feier der Geburt seines Kindes zu Zwieback mit verzuckertem Anissamen einlädt, freut er sich für den Betreffenden. Er weiß, dass Kinderkriegen etwas ganz Besonderes ist und gönnt es jedem.

Ich finde, das zeugt von übermenschlicher Größe. Jemand, der unter seiner Arbeitslosigkeit leidet, kann sich doch auch nicht von Herzen für einen anderen freuen, wenn der seinen Traumjob bekommt. Bei jemandem, der gerade seine Mutter verloren hat, findet man kein offenes Ohr für Klagen über die Unleidlichkeiten der eigenen Mutter, und wer Liebeskummer hat, kann den Anblick verliebter Paare nicht ertragen. Das Glück anderer kann wie sengende Sonne auf ungeschützter Haut brennen. Setzt man sich dem zu sehr aus, hängt einem binnen kürzester Zeit die Haut in Fetzen herab.

»Wie kommt man über so was hinweg?«, frage ich meinen Kollegen und hoffe auf eine Lebensweisheit.

»Es ist schon wieder etliche Jahre her. Man lernt damit zu leben. Aber glaub nicht, es würde je ganz vorbeigehen. Die Narben bleiben, sie werden Teil des Selbst. Manchmal jucken sie, und manchmal brechen sie kurz wieder auf, zum Beispiel durch die immer wiederkehrende Frage, ob man Kinder habe. Oft sage ich nein, damit ich meine Ruhe habe. Meine Frau tut sich damit schwer. Sie meint, dadurch würde ich die Existenz von Christiaan und Suzanne verleugnen. Und sie hat zweifellos Recht.«

In Pauls Familie sind Zwillinge geboren worden. Geertje, die sich bereits bei meiner ersten Schwangerschaft so darauf gefreut hatte, ist nun endlich doch Großmutter geworden. Sie ist mindestens ebenso stolz auf die Zwillinge wie Loes und Simon. Ein paar Jahre nachdem er seine Sterilisation hat rückgängig machen lassen, ist die Krankenhaustour nun von Erfolg gekrönt.

Natürlich freuen wir uns für sie. Selbstverständlich machen wir einen Besuch und bewundern die Kinder. Es sind zwei unglaublich kleine Würmchen, die Seite an Seite in einer Wiege liegen. Wir beglückwünschen die strahlenden Eltern zu ihrem prächtigen Nachwuchs. Höflich erkundigen wir uns nach den Schlaf- und Essgewohnheiten, denn wir wissen, dass junge Eltern gern darüber reden. Wir geben unsere Geschenke ab, essen Zwieback mit verzuckerten Anissamen, besichtigen das Kinderzimmer und finden es wunderschön. Beim Gehen sehe ich einen Zwillingskinderwagen in der Diele stehen. Früher wusste ich nicht einmal, dass es so etwas gibt, aber man kriegt sie in allen Ausführungen und Größen. Breite, damit die Kinder nebeneinander sitzen können, und lange, in denen sie hintereinander sitzen. Außerdem gibt es noch eine lange Variante, bei der die Kinder mit dem Gesicht zueinander sitzen. Diese Vielfalt an Zwillingswagen habe ich erst nach meiner Fehlgeburt entdeckt. Damals schien es mir, als wäre die Stadt auf einmal voll davon.

Nach dem Babybesuch schauen wir bei Geertje und Dick vorbei, die in der Nähe wohnen. Ich habe Kopfschmerzen und fühle mich krank. Als wir ankommen und Geertje mich begeistert fragt, wie ich denn ihre Enkelkinder fände, breche ich in Tränen aus. Ihre Miene verdüstert sich. Wenn ich mich doch nur besser beherrschen könnte. Ich bin eine Spielverderberin.

Man dürfe sich nicht immerfort in seinem Kummer suhlen, man müsse ihn verarbeiten und akzeptieren, heißt es. Das lässt sich so leicht sagen, vor allem, wenn es sich auf jemand anderen bezieht. Soll man viel reden, und falls ja, mit wem? Der Partner ist ein Mann und kann sich nicht in eine Frau hineinversetzen, die alles am eigenen Leib erfährt. Die Freundinnen sind selbst schwanger und leben in einer anderen Welt. Schicksalsgenossinnen verstehen einen zwar, aber auf die kann man nicht bauen. Will man gerade über die anschwellenden Gebärmütter um einen herum lästern, tun sie einem die eigene frohe Botschaft kund.

Vielleicht doch zum Psychiater. Noch mehr Zeit bei

den Weißkitteln vergeuden. Wenn sie mich schwanger reden könnten, würde ich sofort hingehen, aber was bringt mir das ganze Gefasel? Sicherlich kann ein Psychiater einem zu mehr Selbsterkenntnis verhelfen, aber daran mangelt es mir nicht. Reden löst in meinem Fall gar nichts, es erleichtert allenfalls. Aber Erleichterung kann man sich auch auf andere Weise verschaffen. Ein ordentlicher Heulkrampf kann erleichtern, mit Tagebuchschreiben kann man sich Luft machen. Seit ich aufgehört habe, anderen mein Herz auszuschütten, habe ich einen ganz schönen Verschleiß an Taschentüchern und Tagebüchern. Sport treiben hilft ebenfalls. Einer meiner Freunde, der jahrelang in Therapie war, nachdem er an Anorexia nervosa fast zugrunde gegangen wäre, schwört jetzt auf Laufen: »Eine Runde Rennen kostet nichts und hilft besser als alle Psychiater zusammen.«

Ich renne nicht gern, also muss ich mir etwas anderes einfallen lassen, um an meiner Kondition zu arbeiten. Bis zu meinem zweiten IVF-Versuch will ich wieder in Form sein. Ich sehe ihm mit Schrecken entgegen, aber ich kann es ja schlecht dabei bewenden lassen. Nach einem Autounfall setzt man sich doch am besten auch sofort wieder ans Steuer.

VI MIT DEM MUT DER VERZWEIFLUNG
oder meine Sehnsucht nach dem Ende

»Die Leute glauben, sie hätten das Recht auf ein Kind. Wenn sie keines bekommen können, rennen sie ohne Sinn und Verstand zu den Ärzten.« Ich kenne keinen, der so etwas ohne Sinn und Verstand macht, und mich selbst rechne ich schon gar nicht zu dieser seltenen Art. Mein Schwager offenbar schon, warum sonst würde er das zu mir sagen? Ich kenne übrigens eine ganze Menge Leute, die meinen, das Recht auf ein Kind zu haben. Freunde und Bekannte überlegen mit aufreizender Selbstsicherheit, wann sie sich denn nun ein Kind »zulegen« sollen. Sie stimmen den Zeitpunkt sorgfältig mit ihrer Karriereplanung ab. Sie suchen bereits einen Krippenplatz, bevor das Kind überhaupt gezeugt ist. Dass Kinderkriegen nicht bei allen problemlos klappt, wissen sie, aber bei ihnen natürlich schon. Und unerträglicherweise ist das meist auch noch der Fall. Man würde ihnen glatt ein wenig Pech gönnen.

Manchmal fühle ich mich wie jemand, der den Hungerwinter noch erlebt hat. Diese verwöhnte Nachkriegsgeneration hat ja keine Ahnung, was Hunger ist! Aber was bringt mir meine Lebensweisheit außer einem erhöhten Säuregrad? Allenfalls die schmerzliche Erkenntnis, dass ich keine Rechte geltend machen kann.

Deshalb macht mich die Bemerkung meines Schwagers auch so fuchsteufelswild. Ich weiß sehr wohl, dass nicht alles so läuft, wie man es gern haben will. Das weiß ich besser als er. Er hat gut reden: Seine Frau - meine jüngere Schwester - hat mir gerade gesagt, dass sie mit dem zweiten Kind schwanger ist. Sie bemerkt meinen zornigen Blick und zieht sich in einem Schutzreflex den Pullover über den gewölbten Bauch. Ich komme mir vor wie die böse Fee an der Wiege ihres künftigen Kindes. Ich muss hier weg.

Auf dem Nachhauseweg überlege ich, wie ich ihm hätte Kontra geben können. Als angehender Arzt hätte er folgenden Vergleich vielleicht einleuchtend gefunden. Wer Herzbeschwerden hat, lässt sich oft einen Bypass legen, um länger zu leben. Genauso ist IVF ein Hilfsmittel, mit dem ein schlecht funktionierender Eileiter umgangen wird. Dadurch kann der Wunsch nach Fortpflanzung erfüllt werden, ein Wunsch, der in meinen Augen ebenso legitim ist wie der, mit Hilfe moderner Technik das Leben zu verlängern. In beiden Situationen wird die Lebensqualität verbessert.

Aber warum sollte ich mich auf eine Diskussion darüber einlassen? Wenn er die Frage, wer ein Recht auf medizinische Hilfe beim Schwangerwerden hat und wer nicht, ausdiskutieren will, dann soll er das nicht mit mir, sondern mit seinen Kollegen im Krankenhaus tun. Die finden es zweifellos interessant, sich über Kosten-Nutzen-Abwägungen, Regeln und festzulegende ethische Grenzen zu verbreiten. Ich nicht. Ich will lediglich ein Kind.

Als ich meiner Schwester telefonisch zur Geburt ihres zweiten Kindes gratuliere, fragt sie, wie es mit unserem zweiten IVF-Versuch ausgegangen sei. Wieder nichts, nächstes Mal wird's schon klappen, fasse ich kurz zusammen.

Es tut ihr sehr Leid für uns. Ihr Mitgefühl, sogar vom Wochenbett aus, rührt mich, und ich beschließe, doch rasch zu einem Besuch vorbeizugehen. Vor zwei Jahren war ich noch ohne Vorbehalte bei der Geburt ihres ersten Kindes dabei. Meine Rolle war bescheidener als bei Annas Entbindung, aber dennoch habe ich es als ebenso magisches wie eindrucksvolles Geschehen empfunden. In der Hoffnung, das noch öfter zu erleben, bot ich mich meinen Freundinnen als freiwillige Begleiterin an, aber nach meiner zweiten gescheiterten Schwangerschaft machte keine mehr von dem Angebot Gebrauch. Und ich selbst habe es auch nicht wiederholt.

Als ich meinem älteren Bruder von unserem Pech erzähle, sagt er zum Trost: »Ich kenne ein Paar, das es auch sehr lange versucht hat, und als sie die Hoffnung aufgegeben hatten, wurde die Frau plötzlich schwanger. Es kommt öfter vor, dass jemand auf einmal schwanger wird, wenn der Druck weggefallen ist.« Er meint es gut, sage ich mir, ich bin auf diesem Gebiet überempfindlich. Aber aus solchem Zuspruch – der mir in ziemlich vielen Varianten zu Ohren kommt - höre ich heraus, es sei meine eigene Schuld, dass es nicht klappt. Ich versuche es zu hartnäckig. Ich mache zu viele Umstände. Ich bin eine Neurotikerin mit übertriebenem Kinderwunsch. Wenn ich einfach mit Probieren aufhöre, klappt es von selbst.

Einfach aufhören! Wenn ich wüsste, dass es hilft, würde ich nichts lieber tun. IVF ist schließlich nicht mein Hobby.

Ich gebe mir aber auch selbst die Schuld daran, dass es nicht klappt. Wir hätten eine Woche nach dem Einsetzen nicht miteinander schlafen dürfen, ich hätte nicht so hart arbeiten und überhaupt keinen Alkohol trinken sollen statt hin und wieder ein Gläschen.

Paul und ich buchen eine Woche Urlaub in der Sonne auf einer Kanarischen Insel. Reisen sind für uns ein probates Mittel zur Erholung von Enttäuschungen. Es tut gut, in einer anderen Umgebung zu sein und den gepeinigten Körper mit Sonne, Meer, gutem Essen und Trinken zu verwöhnen. Es tut auch gut, sich gemeinsam auf die Zukunft zu besinnen. Wir hatten uns vorgenommen, es bei drei IVF-Versuchen zu belassen, und jetzt haben wir zwei hinter uns. »Aller guten Dinge sind drei«, ermuntert mich meine Mutter, aber für uns kommt das Ende jetzt bedrohlich nah in Sicht.

Bei einem Essen mit viel Wein auf einer Terrasse am Meer führen wir ein deprimierendes Gespräch. Paul sagt, er mache sich jetzt zum ersten Mal klar, dass das Ganze vielleicht zu nichts führe. Ich frage ihn, ob er manchmal daran denke, mit einer anderen Frau Kinder zu haben. Es sei ihm ständig bewusst, dass es mit einer anderen möglich wäre, antwortet er. »Aber der Gedanke, dich aus diesem Grund zu verlassen, liegt mir fern«, fügt er beruhigend hinzu.

Ich weiß nicht, was ich von seiner Antwort halten soll. Meist verlässt man einander nicht aus rationalen Gründen. Meist verliebt man sich in jemand anderen, wenn die Beziehung, aus welchen Gründen auch immer, unbefriedigend ist. Wie lange wird es noch dauern, bis er mir sagt, er verlasse mich wegen einer Frau, mit der er dann gleich ein Kind bekommt. Oder es kommt noch schlimmer, und *ich* muss gehen, weil unser Haus für mich allein zu groß ist. Folglich bleibt Paul mit seiner neuen Familie hier wohnen. Ich ziehe wieder nach Amsterdam, gehe in die Kneipe, rauche und trinke viel und verkomme allmählich. Den Gedanken, ich könnte aus diesem Grund verlassen werden, finde ich kränkend und demütigend, aber zugleich durchaus vorstellbar. Schließlich suchen sich Leute, die Kinder wollen, ihren Partner mit daraufhin aus, ob bewusst oder unbewusst. Aber uns verbindet doch wohl mehr als dieser blöde Kinderwunsch! Haben wir einander nicht etwas über gute und schlechte Tage versprochen? Wenn Paul seine Beine verlöre, würde ich ihn dann verlassen, weil ich so gern mit ihm tanze, Rad fahre und spazieren gehe? Wahrscheinlich nicht, aber ich könnte all diese Dinge ja noch mit anderen machen. Schon fängt der Vergleich an zu hinken.

In diesem Urlaub führen wir jede Menge schwieriger Gespräche. Wir sind uns des Ernstes der Lage bewusst. Laut äußern wir Zweifel, ob unsere Liebe die Kinderlosigkeit überleben wird. Wir wissen nicht mehr, wie es nun weitergehen soll. Aber zwischen unseren deprimierenden Gesprächen und meinen Weinkrämpfen spielen wir Tennis, schwimmen im Meer und machen schöne Spaziergänge. Und wir schlafen miteinander und witzeln herum. Provozierend sage ich, so eine wunderbare Frau wie mich finde er nie wieder. Und demnächst habe er irgendeine dumme Trine und zwölf kreischende Bälger am Hals. Dann käme er auf bloßen Knien gerutscht und würde mich anflehen, seine Geliebte zu werden. Ich werde mir deinen Antrag durch den Kopf gehen lassen, verspreche ich im Voraus, aber zusagen kann ich dir selbstverständlich nichts. Vielleicht habe ich dann ja einen neuen Anbeter, dem ich treu bleiben möchte, einen feinfühligen Romantiker mit armen Kindern, die mich als ihre neue Mutter in die Arme schließen.

Am Ende der Woche sind wir schon wieder ein wenig optimistischer. Wir suchen nach Auswegen. Warum eigentlich keine moderne Variante der Nebenfrau? Vielleicht kriegen wir ja jemanden dazu, für uns Leihmutter zu sein. Oder warum fragen wir nicht einfach Maria, die inzwischen gesunde Zwillinge hat, aber keinen Mann und kein Geld und eine viel zu kleine Wohnung, ob sie zu uns ziehen will? Womöglich wäre das für alle Beteiligten eine fabelhafte Lösung.

Ich versuche es mir vorzustellen. Maria finde ich nett, vielleicht würde ich tatsächlich gern mit ihr zusammenwohnen. Aber angenommen, es läuft alles sehr gut, zu gut zwischen Paul und ihr und den Kindern, dann komme ich garantiert um vor Eifersucht. Adoption wäre auch eine Möglichkeit, da nimmt man nur Kinder bei sich auf. Alle diese Varianten liegen uns fern, aber indem wir sie in der Fantasie durchspielen, verschaffen wir uns Luft. Es vermittelt uns die Illusion, wir selbst können uns Lösungen für ein möglicherweise unlösbares Problem ausdenken.

Auf die heilsame Urlaubswoche folgt der Rückschlag. Paul entgleitet mir und legt sich bei anderen Frauen ins Zeug. Ich sehe ihn fast nicht mehr, und wenn er mal zu Hause ist, wirkt er in sich gekehrt und rührt mich kaum an. Hat er seinen Entschluss gefasst, nun, da ihm so manches klar geworden ist? Löst er sich bereits jetzt von mir, ist die Jagdsaison schon eröffnet?

Wenn es so leicht geht und so schnell passiert ist, dann soll er sich verdammt noch mal gleich zum Teufel scheren! Dann soll er den Schneid haben, *jetzt* zu gehen und nicht erst, wenn er seine neue Eroberung gemacht hat. Andernfalls haue *ich* ab! Er soll sich bloß nicht einbilden, ich käme ohne ihn nicht aus! Zehn andere könnte ich haben! Ich hasse ihn. Ich vermisse ihn. Ich will, dass er mich in die Arme nimmt und mich seine Liebste nennt, sagt, dass er immer bei mir bleibt, was auch geschieht, weil er mich so sehr liebt, dass er sich ein Leben ohne mich nicht vorstellen kann.

Veerle und Marieke, mit denen ich früher zusammengewohnt habe und die immer ziemlich gegen Kinder eingestellt waren, haben mittlerweile ebenfalls entbunden, und Nicole ist bereits zum dritten Mal schwanger. Ich habe nur eine Karte geschickt. Loes ist unverhofft mit dem dritten Kind schwanger geworden. Nach all dem Aufwand, den sie wegen der Zwillinge hatten, ist das ein kleines Wunder. Restlos glücklich sind sie nicht darüber, denn es ist doch sehr kurz nach den ersten beiden. Aber Simon gibt mit seinem Samen an, der so schlecht offenbar nicht ist. Kokett klagen sie darüber, dass sie nach der

Geburt nun wieder Verhütungsmittel nehmen müssten, wo es doch gerade ohne so reizvoll gewesen sei, dass Loes nun wieder monatelang keinen Alkohol trinken dürfe und dass sie sich schon wieder neue Namen überlegen müssten.

Am meisten aber schmerzt mich, dass der Kontakt mit Isabel sich weiterhin so mühsam gestaltet. Mir fehlt die Vertrautheit, und ich frage mich, ob es sie je wieder geben wird. Wir tun beide unser Bestes, aber damit erschöpft es sich auch. Sie wird immer schwangerer, ich immer unsicherer. Ich habe regelmäßig Albträume, in denen ich auf mich allein gestellt bin und kaum zurechtkomme.

Auf einem großen Fest, bei dem ein Feuerwerk abgebrannt wird, begegne ich Veerle, Marieke und Nicole. Die beiden Ersteren haben inzwischen wieder flache Bäuche, Nicole ist noch schwanger. Ich gehe auf sie zu, aber sie wenden sich ab. Sie sind beleidigt, weil ich sie nach der Geburt nicht besucht und kein Interesse für ihre Kinder gezeigt habe.

Plötzlich fangen alle an zu rennen. Ich bin ganz in Gedanken versunken und merke zunächst nicht, dass wir angegriffen werden. Als ich mich der flüchtenden Menge anschließen will, ist es bereits zu spät. Ich sitze in der Falle. Die Soldaten wollen mich schlagen, aber ich rette mich aus der Situation, indem ich sage, ich sei nur zufällig hier, ich gehörte nicht zu den anderen, das Feuerwerk habe mich hergelockt. Als ich weitergehe, schiebt mir jemand Steine und Staub in die Vagina, ich merke es erst, als das Zeug bereits drin ist, und hole es voller Abscheu wieder heraus.

Eine Gruppe Soldaten sieht, wie ich mir zwischen die Beine fasse. Das macht sie scharf, und sie planen eine Gruppenvergewaltigung. Ich renne davon und verstecke mich in einem Haus, das von Polizisten bewacht wird. Die Soldaten fallen aber ein, bringen die Polizisten um und ziehen die Uniformen der Toten an, eine Art lilafarbene Regenanzüge und rosa Plastikschuhe.

Ich schlüpfe ebenfalls in einen Regenanzug, damit sie glauben, ich gehörte zu ihnen, aber ich vergesse die Plastikschuhe und ziehe aus Versehen einen meiner Moonboots an. Den anderen finde ich nicht, daher hinke ich mit einem Schuh und einem bloßen Fuß weiter. Ich fühle mich sehr nackt, jetzt merken sie garantiert, dass ich verkleidet bin, und das auch nur halb. Also doch wieder zurück und die Plastikschuhe holen.

Es gelingt, aber ich fühle mich weiterhin verwundbar, weil ich keine Pistole besitze. Alle anderen haben ihre Pistolen im Anschlag. Um mich herum gibt es Tote. Steine werden geworfen. Leute rappeln sich auf, werden aber erneut zu Boden geschleudert. Ich habe furchtbare Angst, gehe aber möglichst unbeirrbar weiter. Ich will überleben.

Isabels Kind ist geboren. Es ist ein Mädchen. Wir gehen gleich zu Besuch ins Marienkrankenhaus, wo ich vor einem Jahr wegen meiner Eileiterschwangerschaft war. Isabel liegt in genau solch einem Bett wie ich damals. Auf einmal fällt mir ein, wie sehr es mir nach der Operation weh tat, wenn jemand an mein Bett stieß. Jede kleine Erschütterung kommt einem Angriff gleich. »Nicht ans Bett stoßen«, warne ich Paul, bevor wir Isabel und Noam gratulieren und das Baby bewundern.

Es war eine schwere Geburt, das Baby musste per Kaiserschnitt geholt werden. Isabel sieht vor Erschöpfung ganz gelb aus, hat aber einen sanften Ausdruck in den Augen und lacht ihr kleines Mädchen verzückt und ungläubig an. Noam ist begeistert. Ihrem Töchterchen geht es gut.

Unbeholfen stehen wir ein Weilchen herum, sind gerührt, durcheinander und traurig. Nach kurzer Zeit gehen wir wieder. Am Ausgang treffen wir Isabels Bruder; er war es, der nach der Fehlgeburt zu mir gesagt hatte, auch der Verlust eines ungeborenen Kindes wolle betrauert sein. Daran muss ich noch oft denken. Wie ich gelesen habe, verläuft die Trauer in vier Phasen. 1. Verleugnung; 2. Wut; 3. Kummer; 4. Akzeptanz.

Phase eins habe ich endgültig hinter mir gelassen. Ich bewege mich zwischen Phase zwei und drei hin und her. Jetzt gerade befinde ich mich ganz tief in drei. Isabels Bruder sagt: »Wie schön, dass ihr hier seid. So ein Babybesuch fällt euch bestimmt nicht leicht.« Dankbar winke ich ab. Glücklicherweise regnet es draußen.

Meine Nerven sind zum Zerreißen gespannt: Wir haben mit dem dritten IVF-Versuch begonnen. Jetzt oder nie, heißt die Devise. Ich bin sehr emotional und wenig belastbar. Isabel sagt unsere Verabredung ab, dass ich bei ihnen koche. Sie wollten lieber für sich sein. Logisch. Klar.

Eine Woche später gehen Paul und ich kurz vorbei und geben unser Geschenk ab, einen silbernen Beißring mit eingraviertem Namen. Nach zehn Minuten werden wir wieder fortgeschickt, gerade als wir Anstalten machen, von selbst zu gehen. Isabel ist offensichtlich noch erschöpft von der Geburt, außerdem leidet sie unter Blutarmut. Sie klagt über alles Mögliche und sagt, der Kaiserschnitt sei eine traumatische Erfahrung für sie gewesen. Ich bemühe mich vergeblich um Verständnis. Sie hat ein richtiges Wonnebaby auf dem Schoß! Soll sie doch einer anderen Mutter vorjammern statt mir! Sie macht auch einen verunglückten Versuch, Interesse an uns zu zeigen, indem sie fragt, ob wir denn oft in den Dünen Rad fahren. Wieso Rad fahren? Ich kann mich kaum bewegen, ich habe gerade eine Punktion hinter mir.

Jetzt warten wir auf das Ergebnis der Befruchtung. Für uns ist es die letzte Hoffnung auf ein Kind. Aber sie hat ganz andere Dinge im Kopf. Ihr steht der Sinn nicht nach der Außenwelt, sie ist ganz auf die Innenwelt eingestellt. Und in dieser Innenwelt ist schon längst kein Platz mehr für mich. Warum kann ich mich nicht einfach daran gewöhnen? Auf dem Rückweg drehe ich im Auto die Musik voll auf, während mir die Tränen über die Wangen laufen. Paul sitzt schweigend daneben und legt mir die Hand aufs Knie.

Wie jedes Jahr begleite ich meine Mutter zur Totenehrung in den Blomendaaler Dünen. Von Overveen aus gehen wir in einem Schweigemarsch zu Fuß hin; mein

Bruder und seine Kinder sind auch dabei. Ab und zu kommen Ruth und Benjamin gelaufen und liefern stolz ihre Beute bei mir ab: wilde Blumen, die sie am Wegrand pflücken, um sie nachher auf die Gräber zu legen. Wenn ich selbst keine Kinder bekomme, werde ich meine Tantenrolle ausbauen.

Neben mir geht eine Freundin meiner Mutter. Eine nette Frau von etwa fünfzig, die kein einfaches Leben hat. Genaues weiß ich nicht, es hat mit dem Krieg zu tun, und sie hat große Probleme an ihrer Arbeitsstelle. Mir fällt plötzlich auf, dass sie den Kindern genauso zärtlich nachschaut wie ich. Ich frage sie, ob sie keine Kinder gewollt habe.

»Doch, sehr gern«, antwortet sie, »aber das Leben hat es anders bestimmt.« Nach kurzem Schweigen fasst sie jahrelangen Kummer in wenigen Sätzen zusammen. Zwei Mal schwanger gewesen, beim ersten Mal war es im siebten Monat schief gegangen, beim zweiten Mal im fünften. Dann starb ihr Mann an Krebs, und danach hatte sie niemanden mehr kennen gelernt, mit dem ein Neuanfang möglich gewesen wäre. Mir verschlägt es die Sprache.

Auf dem Friedhof schaue ich mich um. So viele Menschen, die ihre Lieben verloren haben. Mit meiner Mutter, meinem Bruder, meinem Neffen und meiner Nichte stehe ich da. Die Kinder haben meine Hand genommen. Ich gebe ihnen einen Kuss auf den Kopf.

Doch noch ein vierter und letzter Versuch. Ich rede mir ein, dass ich mich trotzdem an die geplanten drei Mal halte, denn der erste Versuch zählt ja nicht. Er hatte wegen der Infektion keine ernsthafte Erfolgschance. Seit diesem ersten Mal bekomme ich vorbeugend Antibiotika. Außerdem werde ich jetzt auch betäubt, weil die Punktion mit jedem Mal schmerzhafter wird. Die leichte Form der Betäubung scheint bei mir aber nichts zu nützen, im Gegenteil: Diesmal mussten Hilfstruppen anrücken, um mich in Schach zu halten. Ich zucke in alle Richtungen weg, obwohl ich eigentlich still liegen müsste, wenn sie innerlich mit einer Kanüle zugange sind. Danach kann ich zwei Tage weder schlafen noch gehen. Wenn ich das noch mal mache, befolge ich den Rat, den man mir im Krankenhaus gegeben hat: nur noch unter Narkose. Wieso noch mal? Offenbar bin ich tief im Innern doch noch nicht überzeugt, dass es wirklich das letzte Mal ist.

Eigentlich weiß ich nicht recht, warum ich weitermache. Vielleicht nur deshalb, weil ich nicht mehr aufhören kann. Wir haben schon so viel Energie dafür aufgewendet, dass es immer schwieriger wird, einen Schlussstrich zu ziehen. Es ist wie mit einem Auto, das Mängel hat: Je mehr man reininvestiert hat, desto schwerer fällt der Entschluss, es abzuschaffen. Also bringt man es wider besseres Wissen doch noch ein allerallerletztes Mal in die Werkstatt. Und ist man erst einmal in die Mühlen der Medizin geraten, kommt man so leicht nicht wieder heraus. Nach jedem gescheiterten Versuch sagen die Ärzte, dass wir doch wirklich zur Gruppe derer gehören, die gute Aussichten haben. Jedes Mal kommt es zur Befruchtung, und die Embryonen sind von guter Qualität. Dass es mit dem Einnisten nie klappt, ist einfach Pech. Da wäre es doch jammerschade, jetzt aufzugeben.

Inzwischen bin ich mir immer unsicherer, ob ich wirklich so gern ein Kind möchte. Der Kinderwunsch beherrscht mein Leben immer stärker, wird aber zugleich immer abstrakter. Um mich gegen Enttäuschungen zu wappnen, versuche ich mir insbesondere keine konkrete Vorstellung von einer Zukunft mit Kindern zu machen. Dadurch bekommen die fieberhaften Versuche, schwanger zu werden, etwas Unwirkliches. Wenn mir nicht an einem Kind gelegen ist, warum mache ich das dann alles?

Joyce gibt mir die Telefonnummer eines Masseurs, der Fruchtbarkeitsprobleme behebt. Er stellt das gestörte Gleichgewicht im Körper wieder her, dadurch steigen die Chancen für eine Schwangerschaft. Ich genieße es, massiert zu werden. Der Mann redet währenddessen über das Aufheben von Blockaden in meinem Körper. Meines Wissens habe ich nur eine einzige Blockade, nämlich die in meinen Eileitern. Für diese Dinge bin ich viel zu nüchtern, dennoch lasse ich mich wohlwollend von ihm durchkneten.

Auch diesmal sind die Embryonen wieder von hervorragender Qualität. »So gute hatten Sie bisher noch nie«, sagen die Ärzte vom IVF-Team begeistert. Es sind vier. Normalerweise werden maximal zwei eingesetzt, damit die Anzahl Mehrlinge beschränkt bleibt. Doch je mehr Embryonen eingesetzt werden, desto größer ist die Chance, dass es ein oder zwei schaffen. Über Zwillinge oder Drillinge würde ich mich freuen, dann hätte ich alles auf einen Rutsch hinter mir. Vier auf einmal scheint mir zwar etwas viel, aber besser als nichts.

»Setzen Sie bitte alle vier ein«, sage ich fast flehentlich. »Das ist mein letzter Versuch. Ich will jetzt aufs Ganze gehen.«

Sie geben nach: Alle Embryonen werden in meine Gebärmutter eingesetzt. Wieder brechen zwei lange Wochen des Wartens und Hoffens an. Mein Vater kommt vorbei, um auf die Embryonen einzustrahlen. Indem er mir die Hände auf den Bauch legt, versucht er, die Einnistung zu fördern. Ich sitze etwas unbehaglich da, aber andererseits finde es auch wieder lieb von ihm. Was nicht schadet, kann nur nützen.

Auch der vierte Versuch ist gescheitert. Ich fühle mich alt und lebensmüde. Wir befinden uns in einer Sackgasse. Schon viel zu lange lebe ich von Zyklus zu Zyklus, von Versuch zu Versuch, von Schwangerschaftstest zu Schwangerschaftstest, von Enttäuschung zu Enttäuschung. Alles andere versuche ich so gut es geht weiterlaufen zu lassen, aber ich schaffe es kaum mehr. Die vielen Krankenhaustermine plane ich fast alle so, dass sie vor Arbeitsbeginn liegen. Das heißt, ich muss vor Tag und Tau aufstehen, immer mit der Angst im Nacken, dass es länger dauert und ich am Ende doch zu spät komme. Dabei versuche ich nach Kräften, Stress zu vermeiden, denn der wiederum ist einer erfolgreichen Einnistung nicht förderlich.

Ich schiebe alles auf, denn Zukunftspläne sind von einer eventuellen Schwangerschaft abhängig. Mich ernsthaft um eine neue Stelle bemühen? Es gelingt mir nicht. Nach jedem gescheiterten Versuch bin ich zu wenig motiviert, um in einem Bewerbungsgespräch zu überzeugen, ich bin zu traurig und zu müde, mir steht der Sinn nicht danach. Wenn ich genügend Kraft für einen weiteren Versuch gesammelt habe, hält mich die Hoffnung auf Erfolg davon ab, etwas Neues anzufangen. Angenommen, es klappt nun. Schwanger eine neue Stelle antreten, finde ich nicht gut. Eine entspannte Schwangerschaft wäre bei mir ohnehin nicht mehr drin, und wenn ich mich dann noch in einen neuen Job reinknie, bekomme ich bestimmt vor lauter Anspannung eine Fehlgeburt. Eine Fernreise machen? Angenommen, ich werde nun schwanger und laufe irgendwo in Afrika mit einer Komplikation herum?

Ich muss damit aufhören. Ich halte das nicht mehr durch. Ich will fort, lieber heute als morgen, Abenteuer erleben, die mir neues Leben einhauchen. Ich will meine Zukunft wiederhaben.

Wir beschließen, an eine geplante Dienstreise nach Mexiko einen langen gemeinsamen Urlaub anzuhängen. Unser Wunsch nach einem Kind wurde vor sieben Jahren in Amerika geboren. Amerika ist das Land der Träume. Mexiko ist das Land des Todes. Ein guter Ort, um den Kinderwunsch zu begraben.

VII DAS ENDE *oder das Ei des Kolumbus*

Ich bin über die Zeit. Meine letzte Periode war vor sechs Wochen. Ich führe es auf meinen Hormonhaushalt zurück, der vermutlich nach all den IVF-Versuchen durcheinander ist. Da wir schon in einer Woche nach Mexiko reisen, will ich Gewissheit haben. Ein Schwangerschaftstest also. Positiv. Schwanger. Ich denke daran, was mein Bruder gesagt hat. Ob es tatsächlich so ist, dass man schwanger wird, sobald man aufhört, es zu probieren? Ich rufe sofort im Krankenhaus an und darf noch am selben Tag zur Ultraschalluntersuchung nach Voorburg. Der Bildschirm zeigt eine leere Gebärmutter. Ruhig bleiben, das muss nichts bedeuten. Vielleicht besteht die Schwangerschaft erst so kurz, dass noch nichts zu sehen ist. Die Blutuntersuchung wird es zeigen.

Die Famula ist ein sorgfältig geschminktes Mädchen mit dem heiteren Hochmut von jemandem, bei dem das Leben noch keine Spuren hinterlassen hat. Sie übt für den Arztberuf, ich bin eine geübte Patientin. Ich sage ihr, dass bei mir möglicherweise eine Eileiterschwangerschaft vorliege und dass man mich in Voorburg an diese Klinik an meinem Wohnort überwiesen habe, falls eine Notaufnahme erforderlich werde. Mit dem Tonfall einer Kindergärtnerin beginnt sie, ihre Fragenliste abzuarbeiten. Immer wieder schreibt sie meine Antworten verkehrt auf. Ich schaue mit und korrigiere sie. Meine Krankenakte kenne ich auswendig, und das medizinische Lexikon ist mein Leib- und Magenbuch geworden. Ich bin jemand, der alles wissen und verstehen will. Dadurch habe ich das Gefühl, die Situation noch halbwegs im Griff zu haben, und das brauche ich jetzt mehr denn je. Also feuere ich meine Fragen auf sie ab: »Wenn der Embryo links ist, wird dann mein Eileiter entfernt?« Und: »Wenn mein linker Eileiter entfernt wird, kann man dann bei der Operation gleich etwas tun, damit der rechte besser durchgängig wird?«

Sie hat nur eine Killerphrase zur Verfügung: »Das wird alles später entschieden, wenn tatsächlich operiert werden muss.« Ich gebe auf und gehe zur Blutabnahme. Das Ergebnis, so die Famula, liege am Montag vor. Heute ist Freitag. Das wird ein schweres Wochenende des Wartens und der Unsicherheit.

Am Anmeldetresen bekomme ich zufällig mit, dass das Ergebnis des Bluttests schon in ein paar Stunden vorliegt. Ich rege mich auf, weil die Barbiepuppe mich unnötigerweise bis Montag warten lassen wollte.

Das Ergebnis ist beruhigend. Wir brauchen am Wochenende keine Krankenhausaufnahme zu befürchten.

Am Montagmorgen muss ich mir wieder Blut abnehmen lassen und einen neuen Termin vereinbaren. Auf Anraten meines Hausarztes bestehe ich darauf, dass ich mit dem behandelnden Arzt selbst sprechen kann. Nach gut einer Stunde Warten erscheint endlich Doktor de Koning, der einen leicht abwesenden Eindruck macht.

Wieder erkläre ich die Situation. Ich informiere ihn

über meine Vorgeschichte, die frühere Operation, meine IVF-Versuche. Weil er ungeduldig reagiert, höre ich damit auf und stelle stattdessen wieder meine Fragen, so gezielt wie möglich.

Seine Antworten sind kurz und bündig. »Ja« auf die Frage, ob der ganze Eileiter entfernt werde, wenn der Embryo links sei. »Dann machen wir eine Laparotomie.«

»Eine was?«

»Eine Bauchoperation.« Auf die Frage, ob dann gleich etwas am rechten Eileiter getan werden könne, lautet die Antwort: »Nein«. Mittlerweile liegt das Ergebnis der Blutuntersuchung vor. Mein Blut enthält so erschreckend viel Schwangerschaftshormon, dass der Gynäkologe nun doch eine normale statt einer Eileiterschwangerschaft vermutet. Wieder muss eine Ultraschallaufnahme gemacht werden. Die Hoffnung flackert auf. Das Ganze ist ein fauler Witz, um mich auf die Probe zu stellen. Gleich wird meine Geduld belohnt. Dann stellt sich heraus, dass ich ganz normal schwanger bin, und es wird doch noch alles gut.

Wieder im Wartezimmer sitzen. Das Warten ist immer am schlimmsten. Endlich bin ich an der Reihe. Gespannt betrachte ich die Ultraschallaufnahme auf dem Bildschirm. Ich suche nach Bewegung, nach einem pochenden Herzchen. Der Schirm zeigt eine einheitliche graue Masse. Kein einziges Lebenszeichen.

Wieder eine Eileiterschwangerschaft. Wieder eine Notaufnahme. Die Reise nach Mexiko müssen wir stornieren. Das Leben treibt ein Spiel mit mir. Mal sehen, wie weit ich bei dir gehen kann. Du glaubst nach wie vor, du hättest alles in der Hand, könntest selbst deine Zukunft planen und bestimmen. Diese Hoffart habe ich dir offenbar noch nicht austreiben können. Da werde ich dir eben noch eine Lektion in Demut erteilen.

Ich darf nur rasch noch mal nach Hause, um meine Sachen zu holen. Nervös rufe ich doch noch schnell ein paar Freunde und Verwandte an. Ich höre, wie ich Isabel und meiner Schwägerin, deren teilnehmende Anrufe ausgeblieben sind, Vorwürfe mache. Das alte Lied. Ich erwarte zu viel Mitgefühl, damit muss ich aufhören. Wann werde ich endlich erwachsen?

Wir beeilen uns, was gar nicht nötig gewesen wäre. Als wir wieder da sind, muss ich stundenlang warten, bis ich ein Bett zugewiesen bekomme. Wieder Stunden später kommt ein Famulus, der mir einen Tropf legen soll. Er stümpert unglaublich herum, als machte er das zum ersten Mal. Erst versucht er es links, kriegt es aber nicht hin. Als mein linker Arm völlig zerstochen und gereizt ist, wechselt er zum rechten über.

»Wenn's jetzt noch mal schief geht, müssen die mich rausschmeißen«, sagt er lachend. Wieder wird es nichts, und er verschwindet von der Bildfläche, vermutlich, um sein Kündigungsschreiben abzuholen.

Eine weitere Stunde später - inzwischen ist es elf Uhr abends - kann endlich ein Arzt kommen. Sie haben mich einstweilen samt Bett und allem Drum und Dran in einem Untersuchungszimmer abgestellt, damit die anderen fünf Damen im Krankenzimmer ungestört schlafen können. Eine echte Erleichterung. Als der Tropf endlich gelegt ist, frage ich den Arzt, ob ich die Nacht hier verbringen dürfe. Es geht. Ich habe ein dickes Buch über das Leben im Warschauer Ghetto dabei, in dem ich die ganze Nacht weiterlese. Es ist so erschütternd und ergreifend, dass ich vergesse, wo ich bin und warum.

Aber am Morgen habe ich das Buch ausgelesen. Ich werde wieder ins Krankenzimmer gebracht. Ich will allein sein, will nicht hören, weswegen all die anderen operiert werden müssen oder schon sind. Eine der Schwestern merkt, dass ich völlig überdreht bin, und fragt, ob sie jemanden für mich anrufen solle. Ihr Tonfall ist so liebevoll, dass ich die Tränen nicht mehr zurückhalten kann. Sie zieht den Vorhang um mein Bett zu, damit ich ein klein wenig Privatsphäre habe, und ruft Paul an, der - wie sich herausstellt - bereits unterwegs ist.

Er setzt sich zu mir aufs Bett und geht nicht weg, bis meine Mutter kommt. Sie ist wegen der Operation noch nervöser als ich, versucht aber, sich nichts anmerken zu lassen und redet ohne Punkt und Komma. Ihr Wortschwall wirkt beruhigend auf mich.

Dann wird auch sie fortgeschickt. Mein Schamhaar muss rasiert werden. Ich bin so kahl wie ein frisch gerupftes Huhn. Inzwischen sind mir diese vorbereitenden Rituale vertraut. Alle Kleider ausziehen, Armbanduhr und Ringe abgeben, ein steriles Krankenhaushemd anziehen und eine Haube aufsetzen. Binnen weniger Minuten ist die Metamorphose vom Individuum zum Patienten wieder vollzogen.

Als ich im Aufwachraum zu mir komme, ist meine erste

Frage: »War es eine Laparoskopie oder eine -tomie?«, ganz so, als wäre ich die Ärztin und nicht die Patientin. Eine Bauchoperation, lautet die Antwort. Das bedeutet: Mein einziger guter Eileiter wurde entfernt. Das bedeutet: nie mehr normal schwanger werden können. Das bedeutet: eine hässliche Narbe über den ganzen Bauch wie bei einem Kaiserschnitt, aber ohne ein Kind als Belohnung. Das bedeutet, dass sie meine Bauchmuskeln durchtrennen mussten und dass die Genesung deshalb viel länger dauern wird als beim vorigen Mal. Ich beginne leise zu weinen, höre aber schnell wieder auf, denn jede Bewegung schmerzt.

Gesegnet sei der Erfinder der Schmerztabletten: Sie dämpfen wirklich alles. Ich darf wieder in mein Untersuchungszimmer, wo Paul bereits auf mich wartet. Er hält meine Hand und ist lieb zu mir; auch er hat inzwischen Übung. Später kommen meine Mutter und Isabel und Noam; ich freue mich riesig, sie zu sehen. Mir ist, als wäre ich vom Tod auferstanden und wieder ins Land der Lebenden zurückgekehrt.

Meiner Mutter fällt sofort auf, dass der Tropf leer ist. Wir rufen jemanden, der feststellt, dass das schon seit geraumer Zeit der Fall ist. Ein neuer Tropf muss gelegt werden. Wieder jede Menge ungeschicktes und schmerzhaftes Gefummel an meinem Arm. All dieses Herummachen an meinem Körper ärgert mich maßlos. Weil ich so gern allein sein möchte, darf ich wieder im Untersuchungszimmer schlafen.

In der Nacht muss ich dafür büßen. Auf meine Bitte hin haben sie mein Bett neben die Sprechanlage geschoben, damit ich bei Bedarf jemanden rufen kann. Immer wieder fahre ich aus dem Schlaf hoch und kontrolliere den Tropf. Und tatsächlich ist es mal wieder so weit. Ich taste nach der Sprechanlage, die mit einem Code aktiviert werden muss. Es ist so dunkel im Zimmer, dass ich den Code nicht finde. Was ich auch anstelle, ich kriege das Ding nicht an.

Mittlerweile hat der mächtige Tropf die Rollen vertauscht: Ich bekomme keine Flüssigkeit mehr zugeführt, dafür wird jetzt mein Blut langsam in das Plastikröhrchen gesaugt. Wie lange es wohl dauert, bis der ganze Beutel mit meinem Blut gefüllt ist? Wie viel Blut kann ein Mensch entbehren? Ich fange an zu rufen, aber meine Stimme ist von der Narkose noch heiser. Keiner hört mich.

Ich denke an meine Tante Ingrid, die nach einer Operation »mal eben« in ein leeres Zimmer gestellt wurde. Erst nach anderthalb Tagen, als Besuch für sie kam, hat man sie gesucht.

Panisch beginne ich zu heulen und zu schreien, aber dann mahne ich mich selbst zur Ruhe. Ich muss meine Stimme schonen, bis ich jemanden draußen vorbeigehen höre.

Endlich hört mich jemand. Ich bekomme einen neuen Tropf und eine Taschenlampe. Danach kriege ich kein Auge mehr zu. Ich bin auf den Tropf fixiert; er füllt mein ganzes Denken aus. Und als hätte der Teufel die Hände im Spiel, wird auch der nächste Beutel leer, ohne dass jemand kommt. Immerhin kann ich jetzt per Sprechanlage die Schwester rufen. Wütend sage ich zu ihr, das sei jetzt das dritte Mal, dass sie vergessen haben, Flüssigkeit nachzufüllen. Ansonsten bräuchten sie nichts für mich zu tun, bloß dafür sorgen, dass das Mistding rechtzeitig nachgefüllt wird, damit ich mir nicht die ganze Zeit deswegen Sorgen machen muss. Ich hätte nämlich bereits eine schlaflose Nacht und eine Operation hinter mir und wolle einfach nur in Ruhe schlafen. Ich erwarte eine Entschuldigung, aber die Schwester schaut nur verdrießlich drein und sagt kein Wort. Noch so eine hysterische Patientin, die ihre Frustrationen an mir abreagiert, sehe ich sie denken.

Am nächsten Tag kommt Doktor de Koning zur Nachbesprechung an mein Bett. »Ihren rechten Eileiter habe ich drin gelassen, obwohl wir ihn besser entfernt hätten, denn wenn Sie beide Eileiter los sind, stehen Ihre Chancen bei der IVF besser«, sagt er. An meiner Bestürzung merke ich, dass ich die IVF noch nicht komplett abgehakt habe. Mehr denn je ist sie meine einzige Chance.

Ich frage den Arzt, weshalb er dann den rechten Eileiter nicht auch entfernt habe.

»Das geht nicht ohne Ihr Einverständnis. Und wir haben vorab ja nicht darüber gesprochen«, antwortet er.

Ich traue meinen Ohren nicht. Er führt sein eigenes Desinteresse als Entschuldigung an! »Warum haben Sie mich dann nicht gefragt, ob ich einverstanden sei?«, frage ich, während er bereits Anstalten macht, zum nächsten Bett zu gehen.

»Ach, das ist doch alles so emotional«, murmelt er, bevor er sich aus dem Staub macht. Psychiater müssen während ihrer Ausbildung selbst in Therapie. Und es sollte Vorschrift sein, dass Ärzte im Rahmen ihrer Ausbildung selbst mal unters Messer müssen.

Ich überlasse mich dem trägen Rhythmus der Genesung. Ein Tropf führt mir Flüssigkeit zu, ein Katheter führt Flüssigkeit ab. Langsam erobere ich meinen Körper von den Apparaten zurück. Paul massiert mir liebevoll den Kopf, der vor Schmerzen - wahrscheinlich infolge der Narkose - zu bersten scheint. Als die schlimmsten Schmerzen vorüber sind, sehne ich die Besuchszeiten herbei. Am liebsten hätte ich jede Minute davon Menschen um mich. Aber reden und zuhören macht müde. Wenn sie zu mehreren sind, reden sie manchmal auch noch miteinander oder durcheinander, und sie bewegen sich alle so viel. Von einem Moment auf den anderen schlägt meine Freude über ihre Gegenwart in Irritation und den erschöpften Wunsch nach Ruhe um.

Meine Sinne sind all den Reizen noch nicht wieder gewachsen. Als Paul mich nach einer Woche im Krankenhaus mit dem Auto abholt, gucke ich verstört durch die Scheiben. Wie schnell die Autos doch fahren. Wie eilig es alle haben. Ich fühle mich vom Lärm und von den schnellen Bewegungen der Außenwelt bedrängt. Nicht einmal in meinem Schlafzimmer zu Hause bin ich sicher: Die Nachbarn sind am Schreinern. Ich sehne mich nach der stillen weißen Krankenhauswelt zurück. Als ich zu weinen anfange, kann ich nicht mehr aufhören. Paul ruft meine Mutter an. Sie kommt sofort und streicht mir mit ungekannter Zärtlichkeit die nassen Strähnen aus dem

Gesicht. Ihre tröstende Gebärde hat beruhigende Wirkung. »Meine liebe Tochter », sagt sie, »wein dich aus, du hast es wahrhaftig nicht leicht.« Sie bleibt neben mir sitzen, bis ich einschlafe.

Ich liege in der Badewanne und tauche in die Klänge jiddischer Musik ein, die ich schon lange nicht mehr gehört habe, weil Paul sie so sentimental findet. Das warme Wasser öffnet meine Poren, sodass die melancholischen Töne direkt in mein Inneres fließen. Wenn ich nicht in der Badewanne liege, dann bin ich im Bett und lese in einem Buch über die Seele, das mein Vater mir geschenkt hat. Normalerweise hätte ich es ungelesen in den Bücherschrank gestellt, weil ich immer mehr als genug mit irdischeren Dingen beschäftigt bin. Jetzt nicht, jetzt habe ich alle Zeit der Welt. Ich brauche nichts zu unternehmen und nichts zu entscheiden. Ich existiere einfach nur.

Ein paar Tage später gehe ich Arm in Arm mit meiner Freundin Anna auf wackligen Beinen zum ersten Mal ums Karree. Ich habe Angst, jemand könnte mich umrennen oder in den Bauch stoßen. Es ist wie ein Vorgeschmack auf die Gebrechlichkeit im Alter. Aber ich werde täglich kräftiger, jeden Tag gehe ich ein Stückchen weiter.

Eine Woche später schaffe ich es aus eigener Kraft bis in die Drogerie, wo ich nicht nur Salbe für meine Narbe, sondern auch Make-up, Cremebad und Körperlotion kaufe. Trostartikel für meinen Körper. Letztes Mal hatte ich nach der Operation noch ein halbes Jahr lang

Bauchschmerzen, weil ich mich nicht geschont hatte. Jetzt bin ich schlauer. Mein Körper und ich, wir müssen weiter miteinander zurechtkommen, also sind wir besser gut zueinander.

Zwischen meiner Mutter und mir findet eine Wachablösung statt: Kaum bin ich aus der Klinik raus, muss sie rein. Sie hat einen Tumor im Kopf, eine Geschwulst so groß wie ein Ei. Was ist das nur mit den Eiern, die sich bei uns an Stellen im Körper einnisten, wo sie nicht hingehören? Meine Mutter hatte schon immer schlimme Kopfschmerzen. »Mein Tumor macht mir wieder zu schaffen«, seufzte sie dann. Ein treffender Scherz, wie sich im Nachhinein herausstellt. Die Ärzte sagen, vermutlich sei der Tumor gutartig, gut zu operieren, und - wenn es gut gehe - werde alles gut verheilen.

Ein bisschen zu viel des Guten. Meine Mutter reagiert panisch. Sie ist noch nie operiert worden, und nun soll ihr gleich der Schädel geöffnet und im Kopf herumgeschnitten werden! Am meisten noch graut ihr davor, dass sie vor der Operation kahl geschoren wird. Kahl kommt vor tot. Ihre Mutter, ihre Tanten, ihre Cousinen und Cousins wurden im Krieg alle kahl geschoren.

Ich gehe mit ihr in eine Edelboutique; wir wollen einen schicken Hut für die Zeit nach der Operation kaufen. Der Ausflug ist eine nervöse Mission, um die Angst zu beschwören. Weder sie noch ich haben je einen Hut gekauft. Wir benehmen uns wie übermütige Teenager, die sich auf Kosten der höflichen Verkäuferin amüsieren.

»Haben Sie was da, das sich auf einem bleichen Kahlkopf gut macht?«, fragt meine Mutter, ohne eine Miene zu verziehen, als wir an der Reihe sind. »Es ist kein Geschenk, ich will ihn selbst tragen.« Wir prusten los und probieren so ziemlich alle Hüte im Geschäft auf.

»Eigentlich suchen wir einen Zauberhut«, erkläre ich, als die Verkäuferin herauszubekommen versucht, was wir nun wirklich wollen. »Es brauchen keine Tauben rauszukommen, ein Ei reicht uns schon.« Wieder biegen wir uns vor Lachen, während die Verkäuferin verzweifelt die Augenbrauen hochzieht. Wir entscheiden uns für einen teuren Hut, das macht die Sache einigermaßen wett.

Sterben ist schlimm, aber vielleicht besser als ein schwerer Hirnschaden. Wir reden über Abstufungen: Was ist akzeptabel, was nicht? Es mutet absurd an, darüber zu sprechen, zumal keine von uns die Reichweite dieses unerfreulichen Abenteuers absehen kann. Trotzdem müssen diese Gespräche jetzt sein. Kurz vor der Operation bittet meine Mutter mich, dass ich eine Euthanasieerklärung unterschreibe für den Fall, dass sie nicht mehr zurechnungsfähig ist. Mit zittriger Hand setze ich meinen Namen darunter. Mir ist, als würde ich ihr Todesurteil unterzeichnen. Sie hat ein Testament aufsetzen lassen. Sie gibt mir ihre Bankkarte, damit ich notfalls Zugang zu ihrem Konto habe. Sie sagt mir, wo sie ihre Wertsachen aufbewahrt. Sie zeigt mir ein Album, das sie für ihre älteste Enkelin angelegt hat: mit Fotos und Informationen zur Geschichte ihrer Familie. Ihre ordentliche, regelmäßige Handschrift rührt mich. Nur selten spricht sie über die Vergangenheit, aber auf diesen Seiten hat sie alles bis ins kleinste Detail für ihre Enkelin aufgeschrieben.

Ich wollte, ich hätte ihr auch ein Enkelkind schenken können. Ich will etwas zu ihr sagen, etwas, das sich jetzt noch sagen lässt, bevor es vielleicht bald zu spät ist. Ich will ihr für alles danken, was sie für mich getan hat. Ich will ihr sagen, wie lieb ich sie habe. Aber damit würde ich meiner Unterschrift unter ihrem Todesurteil nur noch Nachdruck verleihen. Ich gebe ihr einen Kuss und sage: »Du kannst überhaupt nicht sterben, dafür bist zu viel zu lebendig.« Sie nickt gehorsam, wie ein gutgläubiges Kind.

Vollkommen kahl liegt sie da und ist an Furcht erregende Apparate angeschlossen. Aber sie lebt. Beklommen fragt sie: »Wie kahl ist kahl?«

»Ganz kahl, aber das Ei ist gelegt.«

Sie seufzt und sagt triumphierend: »Dann bin ich die Erste in unserer Familie, die mit kahlem Kopf überlebt hat.«

Nach der Besuchszeit spreche ich auf dem Parkplatz noch ein Weilchen mit der Frau meines älteren Bruders. Durch die Sorge um meine Mutter sind die Familienbande enger geworden. Auf einmal sagt meine Schwägerin: »Es tut mir so Leid für euch, dass es mit Kindern nicht klappen will. Ich würde es euch so gönnen, ihr wärt großartige Eltern. Unsere Familie ist jetzt komplett. Wenn euch damit geholfen ist, würde ich ein Kind für euch austragen.«

Ich merke, dass es ihr Ernst ist, und es verschlägt mir die Sprache angesichts solcher Großmut. Ich kann es nicht annehmen: Meine Schwägerin ist nicht mehr die

Jüngste, und ich weiß, wie sehr die letzte Geburt sie mitgenommen hat. Aber ich bin ihr unendlich dankbar für diese große Geste.

Der ersten Erleichterung folgt eine harte Woche des Wartens auf den Befund: Haben sie den Tumor vollständig entfernen können oder nicht, war er gutartig oder bösartig? Sogar mein Vater sitzt vor Nervosität zitternd im Wartezimmer. Zur vereinbarten Zeit liegt kein Befund vor, einen Tag später ist noch immer nichts bekannt. Meine Mutter klappt zusammen wie ein Geigensteg unter zu straff gespannten Saiten. Sie liegt nur da, will nicht mehr reden, nicht mehr essen, sich nicht mehr waschen. Bloß weinen kann sie noch. Wenn man auf sein eventuelles Todesurteil wartet, klammert man sich an die einzige Sicherheit, die man hat: den Augenblick, in dem man Auskunft bekommt. Es ist unendlich grausam, jemandem auch noch diese Sicherheit zu nehmen. Ich bin wütend auf den lässigen Arzt, der sich nicht einmal die Mühe macht, die Verzögerung zu erklären.

Tage später, als wir die Hoffnung schon fast aufgegeben haben, kommt er endlich mit ernster Miene ins Zimmer. »Die Narbe sieht gut aus«, sagt er, während er indiskret unter den Verband um den kahlen Schädel meiner Mutter lugt. Ich gucke mit und sehe eine merkwürdige Landschaft aus Beulen und Dellen; es sieht aus, als hätte ein Dilettant mit Ton modelliert. »Wenn das Haar wieder einigermaßen nachgewachsen ist, sieht man nichts mehr davon«, sagt er beruhigend, als wäre das derzeit unsere größte Sorge. Nun mach schon hin, Mann. Wenn es bösartig ist, dann sag's, verdammt noch mal, und spann uns nicht noch länger auf die Folter. Endlich kommt es: »Es war ein gutartiger Tumor. Wir haben ihn komplett entfernen können.«

Die Operation war ein voller Erfolg. Meine Mutter wird wieder gesund! Weinend fallen wir einander um den Hals. In Erwartung dieses Augenblicks trage ich schon seit Tagen eine Flasche Champagner mit mir herum. Jetzt darf der Korken knallen. Lechaim! Auf das Leben!

Aus bitteren Erfahrungen lerne man, heißt es. Ich frage mich allerdings immer, was einem diese Lektionen nützen. Viel angenehmer ist es doch, wenn sie einem erspart bleiben. Man wird lediglich frühzeitig grau davon. Weise nennt man das. Aber Elend ist Elend, Verlust ist Verlust. Man muss es hinnehmen, was bleibt einem sonst übrig? Wer behauptet, ein Verlust sei in Wirklichkeit ein Gewinn und bereichere einen, der verdreht die Sache. Aber ich muss zugeben: Das Leben meiner Mutter ist der reine Gewinn. Auch für mich. Nicht nur, weil ich sie nicht verloren habe – und dazu hätte nicht viel gefehlt –, sondern auch, weil ich so meine eigenen Sorgen vergessen konnte. Und jetzt ist es auch noch gut ausgegangen.

Es ist lange her, dass ich mich für einen anderen von Herzen freuen konnte. Mir ist, als dürfte ich nach langer Einzelhaft endlich wieder ins Freie.

Jetzt wird mir bewusst, was mir verstandesmäßig schon längst klar war: dass meine Situation so schlimm nicht ist. Bald werde ich wieder die Alte sein, meine Kondition bessert sich mit jedem Tag. Die Rückschläge haben meine Gesundheit nicht grundlegend beeinträchtigt, wie das bei einem bösartigen Tumor der Fall ist. Ein Tumor kann einem vom einen Tag auf den anderen das Leben vergällen. Mit ein bisschen Pech hört es einfach auf, und man stirbt. Ich bekomme vielleicht keine Kinder, aber ich bin gesund, und ich lebe.

Ich brauche nicht mehr zu notieren, wann meine fruchtbaren Tage sind und wann meine Periode zu erwarten ist. Keine Schwangerschaftstests mehr für mich, wenn ich ein paar Tage über die Zeit bin. Keine Folsäuretabletten mehr, die ich seit Jahren täglich geschluckt habe, um einer Fehlgeburt vorzubeugen. Ich bin von der Hoffnung auf eine spontane Schwangerschaft erlöst.

Einzig IVF ist noch eine Möglichkeit. Aber dafür kann ich den Zeitpunkt selbst bestimmen, und ich kann das Ganze auch sein lassen.

Wer seit Jahren vermisst ist und nicht wieder kommt, wird irgendwann für tot erklärt, damit die Hinterbliebenen, die ja nicht ewig hoffen können, mit diesem Gedanken weiterleben können. Weil mich die IVF-Versuche erschöpft hatten, beschloss ich, meinen Kinderwunsch für tot zu erklären. Dazu brauchten wir nicht einmal ins Land des Todes reisen. Er selbst hat sich uns aufgedrängt, in Form eines Eis. Aber wir sind davongekommen.

Die Narbe auf meinem Bauch verblasst langsam, und die Narbe auf dem Kopf meiner Mutter ist unter neuem Haar verborgen. Sie braucht den Zauberhut nicht mehr aufzusetzen. Neulich hat sie mir erzählt, dass meine jüngere Schwester ihr drittes Kind erwartet. Meine Schwester selbst hat sich nicht getraut, es mir zu sagen. Ich habe sie angerufen und ihr gratuliert. Der Weinkrampf, der solchen Telefonaten für gewöhnlich folgt, blieb aus.

Beschwingt ob dieses neuen Meilensteins habe ich Isabel angerufen. »Ich würde dich gern sehen, gehen wir zusammen aus?« Einen Moment blieb es still. »Dann lad ich dich zu einem leckeren Essen ein, und wir trinken uns wie früher einen an!«, fügte ich hinzu.

»Ja, das ist eine prima Idee«, sagte sie leise. »Das machen wir, dann können wir endlich mal wieder richtig reden.«

Paul und ich laden meine elfjährige Nichte Ruth für ein paar Tage ein. Wir radeln zu dritt an den Strand und lassen uns einen Sandhügel hinabrollen. Ausgelassen rennen wir aufs Meer zu. Nach unserem Strandspaziergang essen wir in einer Kneipe eine Kleinigkeit zu Mittag. Wir nehmen Käse-Schinken-Toast und heiße Schokolade mit Schlagsahne. Wie eine Frau von Welt guckt Ruth sich um; sie kommt selten in eine Kneipe. »Wisst ihr, was ich so toll an euch finde?«, fragt sie mit hinreißend verschwörerischem Tonfall. Nacheinander schaut sie Paul und mich durchdringend an, sie will etwas ganz Wichtiges offenbaren.

»Nun?«, frage ich begierig.

»Ihr seid so locker. Meine Eltern sind viel strenger.«

»Wenn wir deine Eltern wären, wären wir noch viel strenger«, sagt Paul so streng er nur kann. Meine Nichte will es nicht glauben.

Ich habe Mut gefasst. Mir ist nur noch nicht klar, was für eine Art Mut: Mut zum Tun oder Mut zum Lassen. Ich fühle mich so stark wie jemand, der eine Naturkatastrophe überlebt hat. Mich kriegt so schnell keiner mehr unter. Ich könnte eine Wiederherstellungsoperation vornehmen lassen, bei der mein Eileiter durchgängig gemacht wird, auch wenn die Chance auf Erfolg ziemlich gering ist. Ich könnte noch einen letzten IVF-Versuch machen. Aber ich könnte es auch sein lassen. Wenn ich ohnehin irgendwann damit aufhören muss, dann ist jetzt der richtige Zeitpunkt. Ich glaube, jetzt bin ich stark genug, meine Niederlage hinzunehmen. Wir haben unser Bestes getan. Damit ist es gut. Es wird Zeit, dass die fetten Jahre anbrechen.

Paul will mich nicht noch einmal bleichgesichtig und mit lädiertem Bauch in einem Krankenhausbett sehen. Er sagt, er könne jetzt akzeptieren, dass wir keine Kinder bekommen werden, aber erst will er sich noch ernsthaft mit Adoptionsmöglichkeiten beschäftigen. Er nähert sich dem gesetzlich festgelegten Höchstalter für die Adoption eines Babys. In unserem Freundeskreis hat niemand ein adoptiertes Kind. Adoption assoziiere ich mit Problemfällen. Und mir geht es nicht darum, Gutes zu tun, ich will ein Kind oder notfalls auch kein Kind. Es widerstrebt mir, pflichtmäßig einen Kurs zu absolvieren, mich auf eine Warteliste setzen und auf meine Eignung als Elternteil überprüfen zu lassen, auch wenn Letzteres wohl eher eine Formsache ist. Leute, die ein Kind adoptieren wollen, sind sicher hoch motivierte Eltern mit einem tiefer verwurzelten Kinderwunsch als in unserem Fall.

Andererseits, warum sollten wir es eigentlich nicht tun? Warum wollen wir unbedingt ein eigenes Kind? Damit ist ja nicht garantiert, dass es ohne Probleme abgeht. Eine Adoption hat auch etwas Abenteuerliches, und ich mag Abenteuer. Solch ein Verfahren ist Papierkram und kein Herumstochern im Körper. Es erfordert Zeit und Geduld, aber in der Zwischenzeit kann man tun, wozu man Lust hat. Am Ende des Weges beträgt die Chance auf ein Kind hundert Prozent; das ist um Längen besser als die Erfolgsquote bei IVF.

Auf einer Feier komme ich mit einer Frau ins Gespräch, die zwei Kinder adoptiert hat. Sie sagt, das sei der beste Entschluss ihres Lebens gewesen. »Und was hat Sie dazu bewogen?«, frage ich neugierig. »Ich wollte gern ein Kind in den Armen halten«, sagt sie. Die Schlichtheit ihres Arguments macht mich betroffen. So war es auch bei mir, als ich Paul zum ersten Mal fragte, ob wir zusammen ein Kind machen wollten. Was ist von dem schlichten Wunsch nach einem Kind übrig geblieben?

Wir gönnen uns eine Reise nach Südafrika, um gedanklich ins Reine zu kommen. Es ist etliche Jahre her, dass wir gemeinsam eine Fernreise unternommen haben. Das letzte Mal waren wir in Guatemala und Honduras. Damals kam ich mit dem Plan zurück, mir eine Tätowierung machen zu lassen, um den Kinderwunsch in den Griff zu bekommen. Jetzt hoffe ich, dass wir mit dem Entschluss zurückkommen, ihn loszulassen.

Wir treffen zwei Rucksacktouristen, ein älteres Ehepaar. Sie haben keine Kinder, machen aber die tollsten Weltreisen. Wir sehen uns selbst in zwanzig Jahren - ein durchaus verlockendes Bild. In unserem komfortablen Zimmer mit Blick aufs Meer gehen wir alle Reiseziele auf unserer Wunschliste durch.

Das Gästehaus, in dem wir wohnen, wird von einem Mann mit beginnender Glatze, Schirmmütze und unstillbarer Unternehmungslust geführt. Sein erstes Geschäft war eine »Rent-a-husband«-Agentur, die er sich in aller Unschuld als Vermittlung für Handwerkerdienstleistungen gedacht hatte. Aber der Name weckte andere Erwartungen, und so wurde ein Begleitservice für Frauen daraus. Doch der Erfolg langweilte ihn. Immer wenn eine Sache gut lief, fing er etwas Neues an. Wir schlagen uns mit ihm die Nacht um die Ohren, trinken und lauschen seinen tollen Geschichten. Seine Arbeit ist alles für ihn. Von seiner Begeisterung angesteckt, träumen wir davon, was wir selbst auf die Beine stellen könnten. Ein Plan nach dem anderen kommt hoch. Noch ist alles möglich.

Neben dem Gästehaus wohnt ein kleiner dunkelhäutiger Junge. Er mag etwa vier Jahre alt sein und hat schelmisch funkelnde Kulleraugen. Er spielt immer auf der Straße, wo wir ihm mindestens zwei Mal am Tag begegnen: morgens, wenn wir Hand in Hand zu einem Spaziergang aufbrechen oder zum Schwimmen ans Meer gehen, und mittags, wenn wir müde und zufrieden zurückkommen. Wir machen immer das gleiche Spielchen mit ihm. »Hello, mister!«, ruft Paul ihm zu und streckt höflich die Hand aus, als wollte er eine wichtige Persönlichkeit begrüßen.

»Hello, mister!«, antwortet der Kleine strahlend, ergreift Pauls Hand und schüttelt sie so wild, dass er ihm fast den Arm aus dem Gelenk reißt. Paul fasst sich mit der linken Hand an die rechte Schulter, zieht eine Grimasse, als hätte er furchtbare Schmerzen und geht stöhnend zu Boden. Gemeinsam versuchen wir, ihn hochzuziehen, jeder an einem Arm, was gar nicht so einfach ist, denn wir lachen uns dabei schlapp. Ich stelle mir vor, der Junge wäre unser Kind. Der Gedanke befremdet mich immer weniger.

Weit und breit um uns ist nur überwältigende Natur, nirgendwo ein Mensch. Wir ziehen uns aus und rennen ins Meer. Die Wellen sind genau so, wie ich sie am liebsten mag. Hoch, aber gleichmäßig. Sie brechen nicht unmittelbar vor der Küste, sondern ein ganzes Stück weit im Meer und rollen dann am Strand aus. Die Kunst besteht darin, genau den Moment zu erwischen, bevor die Welle bricht. Dann zieht die Oberströmung einen mit, und man wird eins mit den weißen Ausläufern, die einen meterweit auf ihrem starken Rücken tragen. Man braucht sich nur den Wellen zu überlassen und es zu genießen.

»Jetzt!«, rufe ich Paul zu, als es wieder Zeit zum Mittauchen ist. Manchmal bleibt er hinter mir zurück, manchmal ist er vor mir, aber ein paarmal kommen wir zusammen an der gleichen Stelle an. Pauls Augen leuchten vor Wonne. Ich finde ihn noch genauso schön wie früher. Er hat einen schmalen, aber athletischen Körper, der braun und nass in der Sonne glänzt. Wir wälzen uns im warmen Sand und spähen aufs blaue Wasser hinaus.

Auf einmal nehmen wir draußen Bewegung wahr. Es

sind Delfine, die sich aus den Wellen lösen und wieder eintauchen. Keiner von uns beiden hat je Delfine in freier Natur gesehen. Mit wunderbarer Spannkraft und Geschmeidigkeit bewegen sie sich rhythmisch auf und ab. Wir springen auf, damit wir sie besser sehen. Es sind ganz viele. Jedes Mal, wenn wir denken, nun sei der letzte aus dem Blickfeld verschwunden, tauchen wieder elegante Bogen am Horizont auf.

»Darf ich dir einen unsittlichen Vorschlag machen?«, frage ich Paul entzückt. »Wollen wir's noch mal zusammen wagen?«

NACHWORT

Dies ist eine persönliche Geschichte, einzigartig ist sie aber keineswegs. Aus Daten der Patientenvereinigung ›Freya‹ – benannt nach der nordischen Göttin der Fruchtbarkeit und des Sieges – geht hervor, dass jedes sechste Paar Fruchtbarkeitsprobleme hat. Von Fruchtbarkeitsproblemen oder Subfertilität ist der gängigen Definition zufolge dann die Rede, wenn nach einem Jahr gezieltem ungeschütztem Verkehr keine Schwangerschaft eingetreten ist.

Die Niederländische Vereinigung für Obstetrik und Gynäkologie (NVOG) geht von anderen Zahlen aus, die jedoch ein vergleichbares Bild vom Umfang der Fruchtbarkeitsproblematik ergeben. In der NVOG-Richtlinie Orientierende Fruchtbarkeitsstudien (Nr. 1) steht: »Etwa 25 Prozent aller Paare in den Niederlanden konsultieren irgendwann im Laufe der reproduktiven Phase ihres Lebens den Hausarzt, weil sie keine Kinder (mehr) bekommen können. Etwa 15 Prozent werden an einen Facharzt überwiesen. Von denjenigen, die einen Facharzt aufsuchen, entsprechen zwei Drittel (das heißt 10 Prozent von allen) der Definition von Subfertilität.« Aufgrund dieser Daten lässt sich sagen, dass aus der Sicht der Betroffenen jedes vierte Paar Fruchtbarkeitsprobleme hat, aus der Sicht der Ärzte jedes zehnte.

Man vermutet, dass die Fruchtbarkeit in den wohlhabenden Ländern der westlichen Welt in den letzten Jahren abgenommen hat. Bei der Frau liegt ein plausibler Grund darin, dass die Mutterschaft länger aufgeschoben wird. In den Niederlanden bekommen Frauen ihr erstes Kind mit etwa 29 Jahren, in Belgien zwischen dem 27. und 28. Lebensjahr. Das fruchtbarste Alter liegt jedoch bei 23 Jahren. Mit dem Problem, dass beim Mann, möglicherweise infolge der Umweltverschmutzung, die Samenqualität nachlässt, befassen sich mittlerweile die Vereinten Nationen.

Gemäß der genannten NVOG-Richtlinie gilt als Faustregel, dass in ungefähr dreißig Prozent der Fälle die Ursache bei der Frau gefunden wird und in ebenfalls dreißig Prozent beim Mann. Bei wiederum dreißig Prozent liegt eine Kombination von Abweichungen vor, und bei etwa zehn Prozent ist keine nachweisbare Ursache zu ermitteln.

Die Samenqualität beim Mann lässt sich auf einfache Weise untersuchen. Bei leichten Abweichungen kann künstliche Insemination (IUI oder KIE*) eine Lösung sein; dabei schwimmen die Samenzellen aus eigener Kraft auf die Eizelle zu. Bei ernsteren Abweichungen wird künstliche Befruchtung (IVF**) empfohlen, wobei Samen- und Eizellen im Labor zusammengebracht werden, die Samenzellen aber von selbst in die Eizellen eindringen.

* IUI: Intrauterine Insemination
KIE: Künstliche Insemination durch den Partner

** IVF: In-vitro-Fertilisation

Liegen noch schwerer wiegende Abweichungen beim Sperma vor, ist ICSI* als Variante von IVF möglich. Der Unterschied zur normalen IVF besteht darin, dass die Samenzelle im Labor in die Eizelle injiziert wird. Die zwei neuen Techniken MESA und TESE**, bei denen der Samen operativ aus dem Hoden oder Nebenhoden geholt wird, sind in den Niederlanden (noch) nicht zugelassen, werden aber in Belgien und Deutschland bereits durchgeführt. Wenn die Samenqualität völlig unzureichend ist, kommt die Möglichkeit der Befruchtung mit dem Sperma eines anderen Mannes in Frage oder auch die künstliche Insemination mit Spendersamen (IUD oder AID***).

Bei Frauen lässt sich die Ursache aufgrund der verschiedenen Fortpflanzungsorgane und der Hormone, die bei der Schwangerschaft eine Rolle spielen, viel schwieriger ermitteln. Sorgen stellen sich ein, wenn es zu keiner Schwangerschaft kommt oder wenn (wiederholt) Fehlgeburten oder Schwangerschaften außerhalb der Gebärmutter auftreten. Neben der Hormonstimulation bieten seit den Siebzigerjahren medizinische Techniken neue Chancen. In den Niederlanden werden jährlich etwa zwölf- bis dreizehntausend IVF-Behandlungen durchgeführt. In Belgien liegt die Zahl bei ungefähr sieben- bis achttausend. Die neuen Techniken halten die Hoffnung, dass es doch noch klappt, länger am Leben.

* ICSI: Intracytoplasmatische Spermieninjektion

** MESA: Mikrochirurgische epidymale Spermienaspiration
TESE: Testikuläre Spermienextraktion

*** AID: Artificial Insemination by Donor Semen
IUD: Intrauterine Insemination mit Donorsperma

Allerdings sind sie sowohl emotional wie auch körperlich belastend, und sie führen bei weitem nicht immer zum Erfolg. In der Hälfte der Fälle liegt nach drei IVF-Versuchen noch kein positives Ergebnis vor.

In den Niederlanden ist den Kliniken von behördlicher Seite eine bindende Erfolgsquote von zehn Prozent vorgegeben. Sämtliche Kliniken erfüllen diese Vorgabe: Die durchschnittliche Erfolgsquote beträgt in etwa zwanzig Prozent. Die Kosten für die ersten drei Versuche werden von den staatlichen und privaten Krankenkassen übernommen, wobei diese Anzahl nicht im Zusammenhang mit den Erfolgsaussichten steht, die bei späteren Versuchen kaum abnehmen. Wer jedoch nach dem dritten erfolglosen Versuch weitermachen möchte, muss für die Kosten der Behandlung selbst aufkommen. Diese betragen jeweils ungefähr 1150 Euro. Eine Begrenzung für die Anzahl erlaubter Behandlungen gibt es nicht.

In Belgien werden die Erfolgsquoten der verschiedenen Kliniken nicht zentral registriert und ins Internet gestellt, wie es in den Niederlanden der Fall ist. Aufgrund der Tatsache, dass in Belgien andere Variablen gelten als in den Niederlanden, lassen sich die Erfolgsquoten der beiden Länder kaum vergleichen. Manchen Experten zufolge unterscheiden sich die Ergebnisse nicht wesentlich, andere wiederum behaupten, Belgien habe beträchtlich mehr Erfolge zu verzeichnen. In Belgien erstatten die Krankenkassen nur einen begrenzten Anteil aller Behandlungen; pro IVF-Versuch zahlt man ab dem ersten Mal selbst 2300 bis 2800 Euro. Behördliche Vorgaben hinsichtlich der Erfolgsquote gibt es in Belgien nicht, ebenso wenig eine Richtlinie über die Höchstzahl von Behandlungen.

Die Kernfrage für alle Beteiligten – in den Kliniken werden sie als Patienten bezeichnet – lautet: Wie lange macht man weiter, und wann muss man akzeptieren, dass es nicht klappt? Da Letzteres immer schwerer fällt, je mehr man in die Sache investiert hat, ist man geneigt, die Grenze immer weiter zu ziehen. Für diejenigen, bei denen sich schließlich Erfolg einstellt, war die Behandlung im Nachhinein betrachtet ganz bestimmt der Mühe wert. Wer jedoch am Ende mit leeren Händen dasteht, empfindet das Ganze als Verschwendung von Zeit und Mühe. Fünf bis zehn Prozent aller Paare mit Fruchtbarkeitsproblemen bleiben letztlich kinderlos. Nur eines von zehn Ehepaaren, die selbst keine Kinder bekommen können, entscheidet sich für eine Adoption.

Ungewollte Kinderlosigkeit betrifft natürlich nicht nur heterosexuelle Paare mit Fruchtbarkeitsproblemen. In manchen Beziehungen ist es aus anderen Gründen nicht möglich, Kinder zu bekommen. Auch homosexuelle Paare und allein Stehende können unter einem unerfüllten Kinderwunsch leiden. Bei ihnen kommt die geringe gesellschaftliche Akzeptanz dieses Wunsches als komplizierender Faktor hinzu.

Dass man sich bewusst gegen Kinder entscheidet, ist in unserer Gesellschaft heute durchaus legitim. Ungewollte Kinderlosigkeit dagegen ist und bleibt ein Problem. Viele sprechen nicht darüber, weil sie fürchten, nicht für voll genommen zu werden, weil sie andere nicht in Verlegenheit bringen wollen und weil es für sie selbst ein schmerzliches und heikles Thema ist. Auf die oft gestellte und gefürchtete Frage, ob man Kinder habe, antwortet es sich leichter, man wolle (noch) keine, statt man könne keine bekommen. Es kann jedoch sehr schwer und einsam sein, wenn man über etwas, das das Leben so beherrscht, nicht sprechen kann.

Man hat die Wahl zwischen zwei Übeln, denn wer sich für Offenheit entscheidet, wird oft bitter enttäuscht. Anzügliche Witze, aber auch gut gemeinte Reaktionen aus der Umgebung können sehr kränkend wirken. Für diejenigen, die ihre ungewollte Kinderlosigkeit noch nicht akzeptieren können, liegen bei diesem Thema die Nerven blank. Die Verarbeitung geht mit Wut, Verzweiflung, Selbstmitleid und Neid einher, negativen Gefühlen also, die man an sich selbst nicht gern erlebt und die bei anderen auf Unverständnis stoßen oder Irritation hervorrufen. Trauer um den Verlust eines Kindes, das nie »wirklich« existiert hat, ist schwierig mit anderen zu teilen und ist für diejenigen, die es nie selbst erlebt haben, schwer zu verstehen. Für alle, die mit Schicksalsgenossinnen in den Niederlanden Kontakt aufnehmen möchten, organisiert ›Freya‹ offene und themenorientierte Treffen; in Belgien bietet ›Sarah‹ ähnliche Initiativen an.

Dass es um einschneidende Erfahrungen geht, ist also deutlich. Die Beziehung zum Partner wird dadurch auf die Probe gestellt, denn Männer und Frauen gehen oft unterschiedlich mit ihrem Kummer um. Mit Freunden und Verwandten, die selbst Kinder bekommen können, treten mitunter Spannungen auf. Erfährt man, dass jemand aus dem Bekanntenkreis schwanger ist, oder bekommt man eine Geburtsanzeige, empfindet man dies immer wieder als quälend, und Babybesuche geraten zur Heimsuchung. Das Selbstvertrauen wird erschüttert, wenn der eigene Körper einen im Stich lässt. Untersuchungen im Krankenhaus, Operationen und IVF-Behandlungen erfordern über Jahre hinweg Energie und Zeit; das geht auf Kosten anderer Aktivitäten wie Arbeit, Entspannung und Pflege gesellschaftlicher Kontakte. Kinderbekommen stellt für diejenigen, die es gern möchten, eine wesentliche Erfüllung im Leben dar. Die Erkenntnis, dass man kinderlos bleibt - oder kein zweites Kind bekommt – bedeutet für viele die schwerste Krise ihres Lebens.

In der Zeit, als es mir emotional sehr schlecht ging, gab mir eine Freundin ein amerikanisches Buch mit Erfahrungsberichten zum Thema ungewollte Kinderlosigkeit. Ich verschlang die Geschichten regelrecht, und es war eine Offenbarung für mich, dass andere in ähnlichen Situationen genauso reagierten wie ich. Die wenig noblen Gefühle, die ich an mir selbst beobachtete, erwiesen sich als völlig normal. Ein paar Leute in meiner nächsten Umgebung lasen das Buch ebenfalls und zeigten mir damit, dass sie verstehen wollten, was ich durchmachte. Das hat mich gestärkt und getröstet.

Wer ähnliche Erfahrungen gemacht hat, wird vermutlich viel in meiner Geschichte wiedererkennen. Bekannten, Freunden, Familienangehörigen und Leuten, die beruflich mit Fruchtbarkeitsproblemen befasst sind, verhilft es vielleicht zu mehr Einsicht in die emotionalen Aspekte. Und für wieder andere kann es informativ und hoffentlich auch unterhaltsam sein. Denn im weiteren Sinne geht es in diesem Buch schließlich um das Leben an sich. Man erstrebt etwas und erleidet Rückschläge. Das ist frustrierend, manchmal so sehr, dass man darüber vergisst, wie viel es zu genießen gibt.

ANMERKUNGEN *zur deutschsprachigen Ausgabe*

Die Ursachen der Kinderlosigkeit sind vielfältig. Nicht immer lassen sie sich eindeutig bestimmen. Im deutschsprachigen Raum schätzt man, ähnlich wie in den Niederlanden, dass in einem Drittel der Fälle bei der Frau, in einem Drittel beim Mann und in einem weiteren Drittel bei beiden Partnern Abweichungen nachzuweisen sind, die eine natürliche Schwangerschaft verhindern. Es bleibt eine messbare Anzahl von Paaren, bei denen mit heutigen Methoden die Ursache der Kinderlosigkeit nicht ermittelt werden kann (= idiopathische Sterilität oder unexplained infertility).

Die von der Autorin im Nachwort beschriebenen Methoden der künstlichen Befruchtung – die künstliche Insemination (IUI), die In-vitro-Fertilisation (IVF) und die Intrazytoplasmatische Spermieninjektion (ICSI) – werden auch in Deutschland, Österreich und der Schweiz routinemäßig angewendet. Eine weitere Form der künstlichen Befruchtung ist die Insemination mit Spendersamen (AID).

Jährlich werden in Deutschland etwa 30 000 IVF- und ICSI-Behandlungen, in Österreich und der Schweiz zwischen 5000 und 7000 solcher Behandlungen durchgeführt. Die Schwangerschaftsraten liegen wie in den Nachbarländern bei 20 bis 25 Prozent pro Behandlungsversuch. Doch auch nach mehrmaliger Anwendung kann nicht allen Paaren zu einem Kind verholfen werden. Die begrenzenden Faktoren sind neben der erheblichen psychischen Belastung der körperliche Stress, die Kosten und die Zeit. Nach drei Versuchen wird eine kumulative Schwangerschaftsrate von circa 50 Prozent erreicht.

Erfasst und ausgewertet werden die Methoden und ihre Erfolge in Deutschland zentral durch das Deutsche IVF-Register (DIR). Künstliche Befruchtung ist nach dem Embryonenschutzgesetz von 1991 nur bei Ehegatten erlaubt. Im Rahmen der Anerkennung der modernen Partnerschaft ohne Trauschein können die Landesärztekammern im Falle von stabilen Partnerschaften eine Genehmigung zur Durchführung für eine IVF- oder ICSI-Behandlung erteilen. In diesem Fall übernehmen die Krankenkassen die Kosten jedoch bisher nicht.

Die Übernahme der Kosten durch Gesetzliche oder Private Krankenversicherungen in Deutschland, Österreich und der Schweiz ist zum heutigen Datum wie folgt geregelt:

Deutschland

Gesetzliche Regelung:
Embryonenschutzgesetz 1991

Rechtliche Grundlage:
Ehe oder stabile Partnerschaft nach Genehmigung durch die Landesärztekammer

Kosten:

Insemination	Private Krankenversicherungen und GKV; bis zu 6 Versuche
IVF	Private Krankenversicherungen und GKV; bis zu 4 Versuche
ICSI	Private Krankenversicherungen 4 Versuche, GKV individuelle Kostenerstattung möglich (GKV = gesetzliche Krankenversicherung) Frauen bis zum 40. Lebensjahr; im Alter zwischen 40 und 45 genehmigungspflichtig; Alter des Ehemannes beliebig

Österreich

Gesetzliche Regelung:
Fortpflanzungsschutzgesetz 2000

Rechtliche Grundlage:
Ehe und notariell beglaubigte Lebensgemeinschaften

Kosten:
1/3 aus einem Fond, 2/3 durch die Gesetzliche Krankenkasse falls der Mann unter 50 und die Frau unter 40 Jahren alt ist (4 Versuche)
die Privaten Krankenversicherungen erstatten keine Kosten

Schweiz

Gesetzliche Regelung:
Fortpflanzungsschutzgesetz 2000

Rechtliche Grundlage:
stabile Partnerschaft

Kosten:
Insemination auf Antrag
IVF und ICSI nur als Selbstzahlung

Dr. med. Dieter B. Mayer-Eichberger,
Stuttgart im Dezember 2001

Allen, die Fragen zum Kinderwunsch haben oder Erfahrungen mit anderen Paaren austauschen möchten, sei die informative Homepage des Stuttgarter Kinderwunschzentrums empfohlen:

http://www.kinderwunschpraxis.de

MEIN DANK GILT

Ihnen, meinen Leserinnen und Lesern. Außerdem meinen beiden Töchtern aus Guatemala und meinem Liebsten, ohne den ich dieses Buch nicht hätte schreiben können. Meiner Mutter, die Gold wert ist. Meinem Vater, der immer hinter mir steht. Meiner besten Freundin, mit der ich nun wieder durch dick und dünn gehe. Allen Freundinnen, Freunden und Familienangehörigen, ob sie nun in dieser Geschichte vorkommen oder nicht. Meinem Lehrer, Herrn Stoel, der so lange auf mein erstes Buch warten musste. Meiner anderen Lehrmeisterin, Kitty Zwart, die mir gezeigt hat, dass Stärke und Verletzlichkeit kein Widerspruch sind. Den Mitlesern, die mir mit ihren begeisterten Reaktionen und ihrer konstruktiven Kritik weitergeholfen haben. Meinen Verlegern, die von Anfang an an mein Vorhaben glaubten und es auf ihren breiten Männerschultern mitgetragen haben.